다시 오실
그리스도

가스펠 프로젝트

신약 **6**

다시 오실 그리스도
중고등부

지은이 · LifeWay Students

옮긴이 · 송진순

감수 · 김병훈, 류호성, 곽상학

발행일 · 2019년 7월 3일

등록번호 · 제1988-000080호

등록된 곳 · 서울특별시 용산구 서빙고로65길 38

발행처 · 사단법인 두란노서원

영업부 · 02-2078-3352, 3452, 3781, 3752 FAX 080-749-3705

편집부 · 02-2078-3437

디자인 · 땅콩프레스

책값은 뒤표지에 있습니다.
ISBN 978-89-531-3485-0 44230 / 978-89-531-3123-1(세트)

가스펠 프로젝트 홈페이지 · gospelproject.co.kr
두란노몰 · mall.duranno.com

차례

6

Come, Lord Jesus

발간사

두란노서원을 통해 라이프웨이(LifeWay)의 《가스펠 프로젝트》 성경 공부 교재 시리즈를 발간할 수 있도록 인도하신 하나님께 감사드립니다. 험한 소리로 가득한 세상에 이 책을 디딤돌처럼 놓습니다. 우리 삶은 말씀을 만난 소리로 풍성해져야 합니다. 주님을 만난 기쁨의 소리, 진실 앞에서 탄식하는 소리, 죄를 씻는 울음소리, 소망을 품은 기도 소리로 가득해야 합니다.

《가스펠 프로젝트》는 신구약을 관통하는 예수 그리스도의 복음을 발견하고, 그 가르침을 삶에 적용하는 지혜를 얻도록 기획한 성경 공부 교재입니다. 어린아이부터 어른에 이르기까지 생애주기에 따른 복음 메시지를 잘 배울 수 있습니다. 또한, 거짓 진리가 미혹하는 이 시대에 건강한 신학과 바른 교리로 말씀을 조명하여 성도의 신앙이 좌로나 우로나 치우치지 않도록 돕습니다.

두란노서원은 지금까지 "오직 성경, 복음 중심, 초교파적 관점"을 바탕으로 한국 교회와 성도를 꾸준히 섬겨 왔습니다. 오직 성경의 정신에 입각해 책과 잡지를 출판해 왔으며, 성경에 근거한 복음 중심의 신학을 포기한 적이 없습니다. 그리고 교단과 교파를 초월하여 교회와 성도가 하나님의 나라를 바라볼 수 있도록 돕기 위해 노력해 왔습니다. 《가스펠 프로젝트》는 두란노가 지켜 온 세 가지 가치를 충실하게 담은 책입니다.

성경은 구원을 위한 책이며, 구원사의 주인공은 예수 그리스도입니다. 창세기부터 요한계시록까지 오직 예수 그리스도의 복음만을 전하는 《가스펠 프로젝트》 성경 공부 교재를 통해 복음의 은혜와 진리를 깊이 경험하고, 복음 중심의 삶이 마음 판에 새겨지기를 바랍니다. 그리고 예수 그리스도 복음에 굳게 선 한 사람의 영향력이 가정과 교회와 사회에 흘러감으로써 거룩한 하나님 나라가 확산되어 가기를 소망합니다.

두란노서원 원장 이 형 기

감수사

✜　두란노가 출간하는 《가스펠 프로젝트》는 무엇보다도 전통적으로 교회가 풀어 온 흐름을 충실히 따라 성경을 해설하고 있습니다. 그리고 그 방향은 궁극적으로 예수 그리스도를 향해 나아가고 있습니다. 이것은 예수님이 구약과 신약의 모든 성경이 자신을 가리키고 있다고 하신 말씀에 비추어 매우 타당한 것입니다. 게다가 그리스도 중심적 해설을 무리하게 전개하지 않습니다. 각 본문에서 하나님의 구원 언약과 그것을 실현하시는 하나님을 드러내면서, 그리스도의 예표적 설명이 가능한 사건을 놓치지 않고 풀어내고 있습니다.

성경 공부 교재는 명시적으로 혹은 암시적으로 제시하는 교리적 진술이 교리체계상 건전해야 합니다. 《가스펠 프로젝트》는 99개 조에 이르는 핵심 교리들을 일목요연하게 제시하여 교리의 건전성을 확인할 수 있도록 도움을 줍니다. 《가스펠 프로젝트》의 교리는 교파를 막론하고, 예수 그리스도의 복음에 충실한 복음주의 교회들에게 환영받을 만합니다. 물론 교파마다 약간의 이견을 갖는 부분이 있을 수 있겠지만 각 교회에서 교재를 활용하는 데에 무리가 없을 것으로 판단합니다. 《가스펠 프로젝트》의 특징은 각 과에서 학습한 내용을 핵심 교리와 연결해 주며, 그 결과 그리스도의 복음에 관련한 교리적 이해를 강화시킨다는 데에 있습니다.

끝으로 《가스펠 프로젝트》는 어떤 성경 주해서나 교리 학습서가 갖지 못하는 훌륭한 장점을 가지고 있습니다. 그것은 학습자를 하나님과 그리스도의 복음 앞으로 나오도록 이끌며 자신의 신앙과 삶을 돌아보도록 하는 적용의 적실성과 훈련의 효과입니다. 아울러 선교적 안목을 열어 주는 적용 질문을 더해 준 것은 《가스펠 프로젝트》에서 얻을 수 있는 커다란 유익입니다.

《가스펠 프로젝트》는 성경을 개괄적으로 매주 한 과씩, 3년의 기간 동안 일목요연하게, 그리고 그리스도 중심적으로 공부하도록 이끌어 준다는 점에서, 한국 교회의 기초를 성경 위에 놓는 일에 대단히 커다란 공헌을 할 것으로 믿어 의심치 않습니다.

김병훈 _ 합동신학대학원대학교 조직신학 교수

✜　하나님의 말씀이 임하는 곳에는 회복의 역사가 있어서 죽은 뼈들도 힘줄이 생기고 살이 오릅니다(겔 37:8). 왜냐하면 하나님의 말씀은 그 자체에 능력이 있기 때문입니다(눅 1:37). 그분의 말씀은 살아 있고 활력이 있기에 예리하게 혼과 영과 및 관절과 골수를 찔러 쪼개기까지 하며 또 마음의 생각과 뜻을 판단할 것입니다(히 4:12). 하나님의 말씀이 왕성하게 흘러넘쳐 온 세상과 우주를 적실 때에 정의와 사랑(렘 9:24) 그리고 제자의 수가 많아지는 놀라운 부흥을(행 6:7) 경험할 것이고, 악한 세력이 모두 물러가며 새 하늘과 새 땅이 다가올 것입니다.

이를 위해 작은 등불의 역할을 할 《가스펠 프로젝트》는 다음과 같은 특징이 있습니다. 첫째는 성경 전체를 '그리스도 중심'으로 바라본 것입니다. 오실 그리스도(구약)와 오신 그리스도 그리고 앞으로 다시 오실 그리스도(신약)의 관점에서 구약성경과 신약성경을 서로 연결시켜서, 그 속에 담긴 놀라운 하나님의 구원 역사를 보게 합니다. 둘째는 같은 본문으로 교회와 가정 그리고 전 연령층에서 그리스도의 사랑을 배우게 합니다. 이는 특히 가정에서 소통할 기회를 제공하고 사랑과 정의를 실천하는 성숙한 그리스도인으로 성장하도록 이끌어 줍니다. 셋째는 신학적 주제와 기초 교리를 이해하기 쉽게 설명하며 영적 분별력을 향상시키는 데 도움을 줍니다. 넷째는 배운 것을 복음의 씨앗을 뿌리는 선교와 연결시키며 하나님이 주신 사명을 실천하도록 이끄는 것입니다. 이는 복음의 열정을 회복시켜 줍니다.

그러므로 모든 교단과 교파를 초월해서, 하나님의 섬세한 구원의 손길과 그리스도의 숭고한 십자가의 사랑 그리고 거룩함으로 인도하는 성령님의 인도하심을 배울 수 있을 것입니다. 그래서 《가스펠 프로젝트》를 통해 하나님의 말씀이 한반도에 흘러넘칠 뿐만 아니라, 복음의 열정을 품고 전 세계로 향하는 많은 전도자들을 세워 갈 것입니다.

류호성 _ 서울장신대학교 신약학 교수

✠　　일반적으로 교육의 3요소를 교육 주체인 교사, 교육 객체인 학생, 교육 내용인 교육 과정(curriculum)이라고 말합니다. 기독교 교육 또한 교회 학교 교사나 가정의 부모가 교육 주체가 되어 다음 세대인 청소년들에게 복음이 담긴 성경을 가르치는 것입니다. 교육 과정을 제외하고는 공교육과 기독교 교육이 본질적으로 다를 수 없는데, 시대의 요청이나 학습자의 역량에 따라 교육 과정이 바뀌는 공교육과 달리, 성경이라는 절대 진리가 교육 과정인 기독교 교육은 수요자 중심의 창의적 상호 작용 등 교육 방법론에 취약점을 보인 것이 사실입니다.

《가스펠 프로젝트》는 객관론적인 인식론에 근거한 프로젝트 수업을 염두에 두었기 때문에, 안내하고 조력하는 교사의 역할 수행과 자연스럽고도 적극적인 학생들의 반응이 만나 성경의 내용을 '지금 그리고 여기'를 사는 '나'와 접목시켜 진지하게 대면하게 합니다. 매 과마다 청소년 설교 제목과 같은 감각적인 제목으로 문을 열고 들어가 'HIS STORY'를 만나게 됩니다. 그뿐 아니라 '연대표', '알짬 교리 99' 등은 다소 지루할 수 있는 성경의 이야기를 청소년 특유의 감성으로 풀어 주므로 그들의 지적 호기심을 채워 주기에 충분합니다. 또한 '그리스도와의 연결'로 구속사적 흐름을 놓치지 않고 그리스도의 복음을 충실히 따르고 있습니다. 영원불변하는 하나님의 말씀이 21세기에 대한민국에서 살아가는 중학생, 고등학생의 실제 이야기로 잘 구현되도록 한 'YOUR STORY', 그리고 '생각'과 '마음'이 '행동'으로 이어지도록 이끌어 주는 'YOUR MISSION'은 성경 공부의 매우 중요한 연결 고리가 될 것입니다.

《가스펠 프로젝트》는 그리스도 중심의 성경 공부 교재이자, 성경 전체를 꿰뚫는 복음의 알파와 오메가로서 이 시대에 새로운 기독교 교육의 이정표가 될 것을 확신합니다.

곽상학 _ 온누리교회 차세대 교육 목사

우리 시대의 전 세계적 교회 부흥은 두 가지 샘을 가지고 있습니다. 한 샘은 오순절 부흥 운동의 샘입니다. 이 샘으로 많은 시대의 목마른 영혼들이 목마름을 해갈했습니다. 또 하나의 샘은 성경 연구의 샘입니다. 남침례교 주일학교 운동은 이 샘의 개척자입니다. 이 샘으로 지금도 많은 성도가 목마름을 해갈하고 있습니다. 미국 남침례교 라이프웨이 출판사는 이러한 사역을 충실히 감당해 왔습니다. 《가스펠 프로젝트》는 모든 필요를 공급하는 원천이 될 것입니다. 《가스펠 프로젝트》로 한국 교회의 목마름이 해갈되기를 기도합니다. 《가스펠 프로젝트》는 쉬우면서도 결코 피상적이지 않습니다. 믿음의 단계를 따라 하나님의 자녀들에게 꼭 필요한 복음의 진수를 맛보게 해 줄 것입니다. 이 체계적인 교재로 이 땅에 새로운 영적 르네상스가 일어나기를 기대합니다.

이동원 _ 지구촌교회 원로목사, 지구촌 미니스트리 네트워크 대표

성경은 그 깊이와 너비를 측량하기 어려운 광활한 바다입니다. 이 바다를 무턱 대고 항해하다 보면 장구한 역사의 파도와 다양한 문학 양식이라는 바람에 의해 표류하기 쉽습니다. 그런 점에서 《가스펠 프로젝트》는 참 훌륭한 나침반입니다. 건전한 교리를 바탕으로 성경 어디에서나 그리스도를 발견하도록 돕고, 복음이라는 항구에 이르도록 이끌어 줍니다. 말씀의 바다를 항해하는 모든 분들에게 큰 유익을 줄 것입니다. 기쁜 마음으로 추천합니다.

허요환 _ 안산제일교회 담임 목사

성경은 예수 그리스도를 중심으로 하는 하나님의 구원 이야기입니다. 성경을 가르치는 일은 하나님의 구원에 동참하는 하나님의 사람을 만드는 일이며, 하나님의 사람의 탁월한 모델은 바로 예수 그리스도입니다. 《가스펠 프로젝트》는 예수 그리스도를 중심으로 성경을 배웁니다. 성경이 어떻게 그리스도와 연결되어 있는지, 또 성도의 삶이 그리스도를 중심으로 하는 하나님의 구원 계획에 어떻게 연결되어야 하는지 구체적으로 제시합니다.

특히 《가스펠 프로젝트》는 하나의 본문을 각 연령에 맞게 구성한 교재를 제공해 하나의 본문으로 전 세대를 연결하고, 가정과 교회를 하나 되게 합니다. 신앙의 전수가 중요한 시대에 성도와 교회와 가정이 한마음으로 다음 세대를 준비시키기에 적합합니다. 특히 가정에서 부모가 자녀와 말씀으로 대화를 나눌 수 있게 해 자녀 신앙 교육에 도움이 될 것입니다.

《가스펠 프로젝트》가 주일학교부터 장년에 이르기까지 전 교회와 성도의 각 가정에서 사용되어 예수 그리스도를 통한 하나님의 가스펠 프로젝트가 성취되기를 기도하면서 기쁨과 확신으로 추천합니다.

이재훈 _ 온누리교회 담임 목사

✝   《가스펠 프로젝트》는 성경을 예수 그리스도 중심으로 심도 있게 살피도록 도우면서, 또한 그것을 이야기 형식으로 제시하며 실질적으로 적용하도록 이끄는 탁월함이 보입니다. 이는 청소년들이 자연스럽게 주변 또래들에게 자신이 경험한 예수 그리스도와 복음에 대해 나눌 수 있게 합니다.

왕동식 _ 서울YFC(십대선교회) 대표, 청소년사역자협의회 회장

✝   《가스펠 프로젝트》는 복음주의적인 관점에서 성경을 이해하며 성경적 가치관을 형성하는 데 큰 도움을 줍니다. 특히 예수 그리스도를 모든 과에서 그 중심에 두어 구속사적으로 이해할 수 있도록 돕습니다. 또한 각 과별 주제도 친근할 뿐 아니라 다음 세대의 눈높이에 맞추고 있어서 적극 추천합니다.

황성건 _ (사)청소년선교횃불 대표, 소금과빛 국제학교 운영 이사

✝   《가스펠 프로젝트》는 하나님의 말씀으로 우리를 초청해서 예수 그리스도를 만나게 하고 사랑하게 만드는 훌륭한 교재입니다. 자녀들이 교회 학교에서, 부모들이 소그룹에서 말씀을 공부한 후에 저녁 식탁에 둘러앉아 예수님에 대해 함께 나눌 수 있다는 것은, 상상만 해도 너무나도 멋지고 복된 일입니다.

김지철 _ 전 소망교회 담임 목사

✝   《가스펠 프로젝트》를 펼치는 순간 가슴이 뛰었습니다. 이 시대를 살아가는 모든 그리스도인에게 꼭 필요한 성경의 핵심적 내용을 쉬우면서도 흥미롭게 펼쳐 내면서 성경을 깊이 알아 가는 기쁨과 구체적인 적용을 돕고 있기 때문입니다. 무엇보다도 가장 뛰어난 점은, 성경의 중심이 되는 예수님을 충실하게 드러낸다는 점입니다. 그러므로 복음 프로젝트를 성실하게 따라가다 보면 예수님을 통해 완성하시는 하나님의 구원 역사 프로젝트가 드러날 것이고, 나아가 하나님 나라가 우리 삶에 한층 가까워질 것입니다. 이 시리즈를 통해 체계적인 '가정 제자 훈련'과 '성경 공부'를 정착시키는 가운데 한국 교회와 이민 교회에 거룩한 부흥의 불길이 일어나길 기대합니다.

류응렬 _ 와싱톤중앙장로교회 담임 목사, 고든콘웰신학대학원 객원 교수

✝   성경이 가르치는 구원의 도리인 교리를 성경 본문을 통해 배우기가 쉽지 않기 때문에 좋은 안내서가 필요합니다. 《가스펠 프로젝트》는 이와 같은 역할을 탁월하게 수행하고 있기 때문에 기쁜 마음으로 추천합니다.

이성호 _ 고려신학대학원 역사신학 교수

✝   사역 현장에서는 하나님의 말씀을 효율적으로 가르칠 수 있는 좋은 방법과 교재에 늘 목말라합니다. 그런 점에서 그 필요를 잘 충족해 줄 교재가 출간되어 기쁜 마음으로 추천합니다.

김운용 _ 장로회신학대학교 실천신학 교수

일러두기

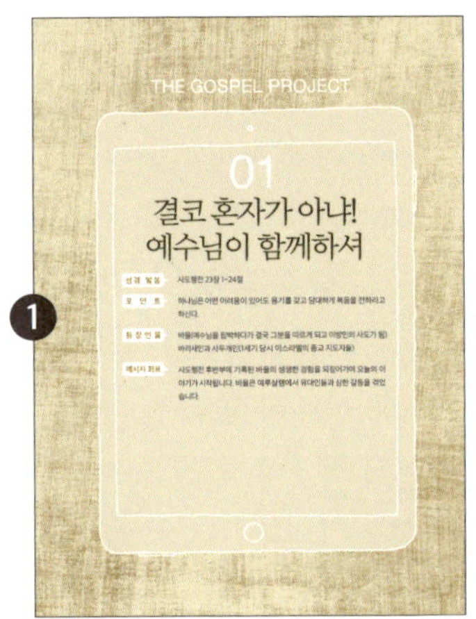

❶ INTRO

'HIS STORY'에서 다룰 내용을 간략히 소개하면서 시작합니다. '성경 말씀'에 서는 해당 성경 구절을, '포인트'에서는 핵심 내용을, '등장인물'에서는 본문에 누가 나오는지를, '메시지 좌표'에서는 본문에서 다루는 내용을 소개합니다.

❷ HIS STORY

하나님이 구속사에서 행하신 역사에 초점을 맞춰 성경을 살펴봅니다. 본문과 연결되는 기독교 핵심 교리를 소개하는 '알짬 교리 99', 성경을 시간 순서대로 바라보도록 그림과 함께 정리한 '연대표', 본문과 주제가 어떻게 예수 그리스도 를 가리키는지 그 상관성을 살피는 '그리스도와의 연결'이 있습니다.

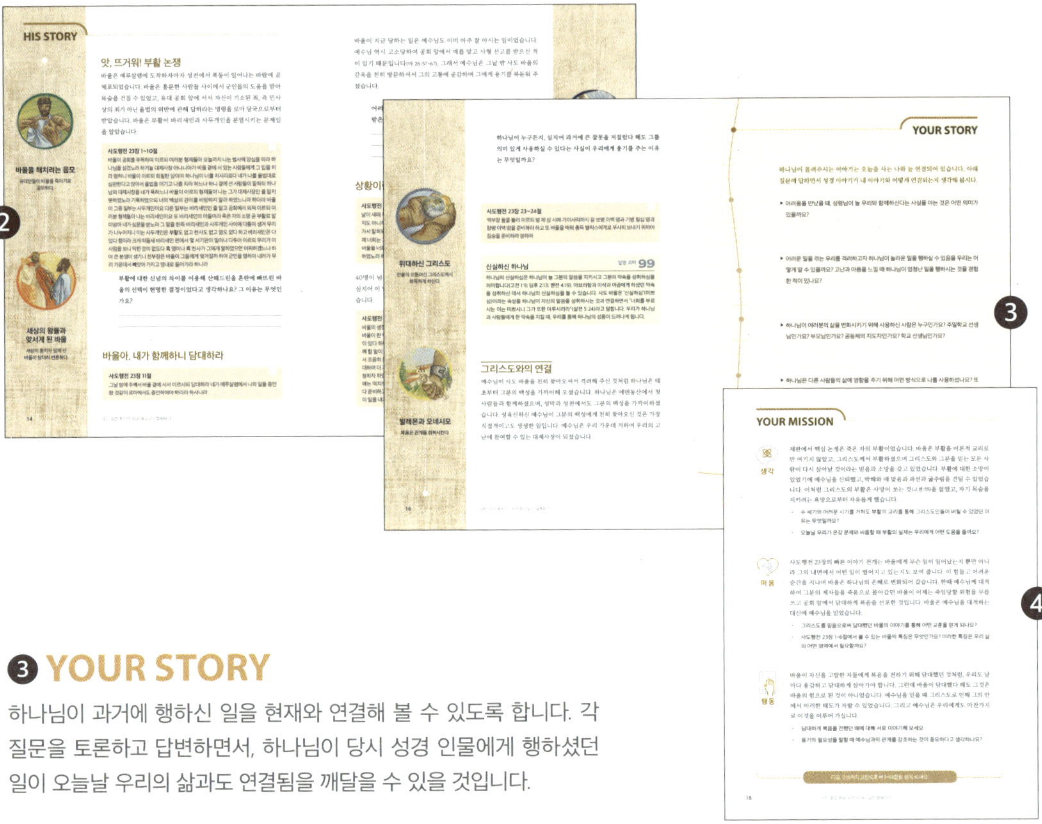

❸ YOUR STORY

하나님이 과거에 행하신 일을 현재와 연결해 볼 수 있도록 합니다. 각 질문을 토론하고 답변하면서, 하나님이 당시 성경 인물에게 행하셨던 일이 오늘날 우리의 삶과도 연결됨을 깨달을 수 있을 것입니다.

❹ YOUR MISSION

하나님의 이야기가 우리 삶에 어떤 변화를 일으킬 수 있는지를 보게 합니다. 단순한 성경 지식 공부를 넘어서, 사명감을 가지고 이 세상을 살아가라는 하나님의 부르심을 깨닫는 시간이 될 것입니다.

가스펠 프로젝트 홈페이지
gospelproject.co.kr에서 다양한 자료를 만나 볼 수 있습니다.

만물의 소망이신 그리스도

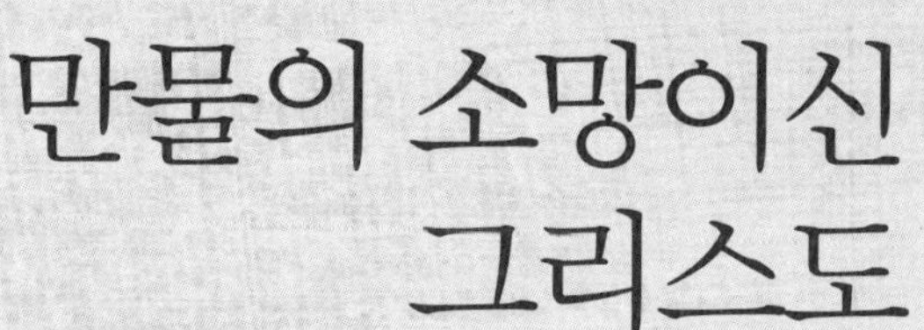

빌립보서

1장 20~21절

나의 간절한 기대와 소망을 따라 아무 일에든지 부끄러워하지 아니하고

지금도 전과 같이 온전히 담대하여

살든지 죽든지 내 몸에서 그리스도가 존귀하게 되게 하려 하나니

이는 내게 사는 것이 그리스도니 죽는 것도 유익함이라

01

결코 혼자가 아냐!
예수님이 함께하셔

성 경 말 씀 사도행전 23장 1~24절

포 인 트 하나님은 어떤 어려움이 있어도 용기를 갖고 담대하게 복음을 전하라고 하신다.

등 장 인 물 바울(예수님을 핍박하다가 결국 그분을 따르게 되고 이방인의 사도가 됨)
바리새인과 사두개인(1세기 당시 이스라엘의 종교 지도자들)

메시지 좌표 사도행전 후반부에 기록된 바울의 생생한 경험을 되짚어가며 오늘의 이야기가 시작됩니다. 바울은 예루살렘에서 유대인들과 심한 갈등을 겪었습니다.

바울을 해치려는 음모

유대인들이 바울을 죽이기로
공모하다.

**세상의 왕들과
맞서게 된 바울**

세상의 통치자 앞에 선
바울이 담대히 변론하다.

앗, 뜨거워! 부활 논쟁

바울은 예루살렘에 도착하자마자 성전에서 폭동이 일어나는 바람에 곧 체포되었습니다. 바울은 흥분한 사람들 사이에서 군인들의 도움을 받아 목숨을 건질 수 있었고, 유대 공회 앞에 서서 자신이 기소된 죄, 즉 민사상의 죄가 아닌 율법의 위반에 관해 답하라는 명령을 로마 당국으로부터 받았습니다. 바울은 부활이 바리새인과 사두개인을 분열시키는 문제임을 알았습니다.

사도행전 23장 1~10절

바울이 공회를 주목하여 이르되 여러분 형제들아 오늘까지 나는 범사에 양심을 따라 하나님을 섬겼노라 하거늘 대제사장 아나니아가 바울 곁에 서 있는 사람들에게 그 입을 치라 명하니 바울이 이르되 회칠한 담이여 하나님이 너를 치시리로다 네가 나를 율법대로 심판한다고 앉아서 율법을 어기고 나를 치라 하느냐 하니 곁에 선 사람들이 말하되 하나님의 대제사장을 네가 욕하느냐 바울이 이르되 형제들아 나는 그가 대제사장인 줄 알지 못하였노라 기록하였으되 너의 백성의 관리를 비방하지 말라 하였느니라 하더라 바울이 그중 일부는 사두개인이요 다른 일부는 바리새인인 줄 알고 공회에서 외쳐 이르되 여러분 형제들아 나는 바리새인이요 또 바리새인의 아들이라 죽은 자의 소망 곧 부활로 말미암아 내가 심문을 받노라 그 말을 한즉 바리새인과 사두개인 사이에 다툼이 생겨 무리가 나누어지니 이는 사두개인은 부활도 없고 천사도 없고 영도 없다 하고 바리새인은 다 있다 함이라 크게 떠들새 바리새인 편에서 몇 서기관이 일어나 다투어 이르되 우리가 이 사람을 보니 악한 것이 없도다 혹 영이나 혹 천사가 그에게 말하였으면 어찌하겠느냐 하여 큰 분쟁이 생기니 천부장은 바울이 그들에게 찢겨질까 하여 군인을 명하여 내려가 무리 가운데서 빼앗아 가지고 영내로 들어가라 하니라

부활에 대한 신념의 차이를 이용해 산헤드린을 혼란에 빠뜨린 바울의 선택이 현명한 결정이었다고 생각하나요? 그 이유는 무엇인가요?

____

____

바울아, 내가 함께하니 담대하라

사도행전 23장 11절

그날 밤에 주께서 바울 곁에 서서 이르시되 담대하라 네가 예루살렘에서 나의 일을 증언한 것같이 로마에서도 증언하여야 하리라 하시니라

바울이 지금 당하는 일은 예수님도 이미 아주 잘 아시는 일이었습니다. 예수님 역시 고소당하여 공회 앞에서 매를 맞고 사형 선고를 받으신 적이 있기 때문입니다(마 26:57~67). 그래서 예수님은 그날 밤 사도 바울의 감옥을 친히 방문하셔서 그의 고통에 공감하며 그에게 용기를 북돋워 주셨습니다.

> 어려움을 겪을 때 그리스도의 임하심을 경험하고 위로와 격려를 받은 적이 있나요?

파선

폭풍 속에서도 바울과 일행을 구하시고 로마까지 인도하시다.

상황이란 언제든 역전될 수 있지

사도행전 23장 12~15절
날이 새매 유대인들이 당을 지어 맹세하되 바울을 죽이기 전에는 먹지도 아니하고 마시지도 아니하겠다 하고 이같이 동맹한 자가 사십여 명이더라 대제사장들과 장로들에게 가서 말하되 우리가 바울을 죽이기 전에는 아무것도 먹지 않기로 굳게 맹세하였으니 이제 너희는 그의 사실을 더 자세히 물어보려는 척하면서 공회와 함께 천부장에게 청하여 바울을 너희에게로 데리고 내려오게 하라 우리는 그가 가까이 오기 전에 죽이기로 준비하였노라 하더니

40명이 넘는 유대인들이 모여서 바울을 죽이기로 굳게 결의했습니다. 심지어 이 일을 끝내기 전에는 아무것도 먹지 않겠다고 다짐하며 헌신했습니다.

사도행전 23장 16~22절
바울의 생질이 그들이 매복하여 있다 함을 듣고 와서 영내에 들어가 바울에게 알린지라 바울이 한 백부장을 청하여 이르되 이 청년을 천부장에게로 인도하라 그에게 무슨 할 말이 있다 하니 천부장에게로 데리고 가서 이르되 죄수 바울이 나를 불러 이 청년이 당신께 할 말이 있다 하여 데리고 가기를 청하더이다 하매 천부장이 그의 손을 잡고 물러가서 조용히 묻되 내게 할 말이 무엇이냐 대답하되 유대인들이 공모하기를 그들이 바울에 대하여 더 자세한 것을 묻기 위함이라 하고 내일 그를 데리고 공회로 내려오기를 당신께 청하자 하였으니 당신은 그들의 청함을 따르지 마옵소서 그들 중에서 바울을 죽이기 전에는 먹지도 않고 마시지도 않기로 맹세한 자 사십여 명이 그를 죽이려고 숨어서 지금 다 준비하고 당신의 허락만 기다리나이다 하니 이에 천부장이 청년을 보내며 경계하되 이 일을 내게 알렸다고 아무에게도 이르지 말라 하고

옥중에서 기뻐한 바울

어려운 상황에서도 복음 때문에 기뻐하라고 격려하다.

하나님이 누구든지, 심지어 과거에 큰 잘못을 저질렀다 해도 그를 의미 있게 사용하실 수 있다는 사실이 우리에게 용기를 주는 이유는 무엇일까요?

위대하신 그리스도

만물의 으뜸이신 그리스도께서 화목하게 하신다.

사도행전 23장 23~24절

백부장 둘을 불러 이르되 밤 제 삼 시에 가이사랴까지 갈 보병 이백 명과 기병 칠십 명과 창병 이백 명을 준비하라 하고 또 바울을 태워 총독 벨릭스에게로 무사히 보내기 위하여 짐승을 준비하라 명하며

신실하신 하나님

알짬 교리 **99**

하나님의 신실하심은 하나님이 늘 그분의 말씀을 지키시고 그분의 약속을 성취하심을 의미합니다(고전 1:9; 딤후 2:13; 빌전 4:19). 아브라함과 이삭과 야곱에게 하셨던 약속을 성취하신 데서 하나님의 신실하심을 볼 수 있습니다. 사도 바울은 '신실하심'(미쁘심)이라는 속성을 하나님이 자신의 말씀을 성취하시는 것과 연결하면서 "너희를 부르시는 이는 미쁘시니 그가 또한 이루시리라"(살전 5:24)라고 말합니다. 우리가 하나님과 사람들에게 한 약속을 지킬 때, 우리를 통해 하나님의 성품이 드러나게 됩니다.

빌레몬과 오네시모

복음은 관계를 회복시킨다.

그리스도와의 연결

예수님이 사도 바울을 친히 찾아오셔서 격려해 주신 것처럼 하나님은 태초부터 그분의 백성을 가까이해 오셨습니다. 하나님은 에덴동산에서 첫 사람들과 함께하셨으며, 성막과 성전에서도 그분의 백성을 가까이하셨습니다. 성육신하신 예수님이 그분의 백성에게 친히 찾아오신 것은 가장 직접적이고도 생생한 일입니다. 예수님은 우리 가운데 거하여 우리의 고난에 참여할 수 있는 대제사장이 되셨습니다.

하나님이 들려주시는 이야기는 오늘을 사는 나와 늘 연결되어 있습니다. 아래 질문에 답하면서 성경 이야기가 내 이야기와 어떻게 연결되는지 생각해 봅시다.

▶ 어려움을 만났을 때, 성령님이 늘 우리와 함께하신다는 사실을 아는 것은 어떤 의미가 있을까요?

▶ 어려운 일을 겪는 우리를 격려하고자 하나님이 놀라운 일을 행하실 수 있음을 우리는 어떻게 알 수 있을까요? 고난과 아픔을 느낄 때 하나님이 엄청난 일을 행하시는 것을 경험한 적이 있나요?

▶ 하나님이 여러분의 삶을 변화시키기 위해 사용하신 사람은 누구인가요? 주일학교 선생님인가요? 부모님인가요? 공동체의 지도자인가요? 학교 선생님인가요?

▶ 하나님은 다른 사람들의 삶에 영향을 주기 위해 어떤 방식으로 나를 사용하셨나요? 또는 앞으로 어떤 방식으로 나를 사용하실 수 있을까요?

하나님의 이야기
하나님이 그분의 아들
예수 그리스도를 통해
우리를 구속해 주신 이야기

우리의 이야기
우리의 이야기가
하나님의 이야기와
만나는 곳

YOUR MISSION

생각

재판에서 핵심 논쟁은 죽은 자의 부활이었습니다. 바울은 부활을 이론적 교리로만 여기지 않았고, 그리스도께서 부활하셨으며 그리스도와 그분을 믿는 모든 사람이 다시 살아날 것이라는 믿음과 소망을 갖고 있었습니다. 부활에 대한 소망이 있었기에 예수님을 신뢰했고, 박해와 매 맞음과 파선과 굶주림을 견딜 수 있었습니다. 이처럼 그리스도의 부활은 사망이 쏘는 것(고전:55)을 없앴고, 자기 목숨을 지키려는 욕망으로부터 자유롭게 했습니다.

- 수 세기의 어려운 시기를 거쳐도 부활의 교리를 통해 그리스도인들이 버틸 수 있었던 이유는 무엇일까요?
- 오늘날 우리가 온갖 문제와 씨름할 때 부활의 실재는 우리에게 어떤 도움을 줄까요?

마음

사도행전 23장의 빠른 이야기 전개는 바울에게 무슨 일이 일어났는지 뿐만 아니라 그의 내면에서 어떤 일이 벌어지고 있는지도 보여 줍니다. 이 힘들고 어려운 순간을 지나며 바울은 하나님의 은혜로 변화되어 갔습니다. 한때 예수님께 대적하여 그분의 제자들을 죽음으로 몰아갔던 바울이 이제는 죽임당할 위험을 무릅쓰고 공회 앞에서 담대하게 복음을 선포한 것입니다. 바울은 예수님을 대적하는 대신에 예수님을 믿었습니다.

- 그리스도를 믿음으로써 담대했던 바울의 이야기를 통해 어떤 교훈을 얻게 되나요?
- 사도행전 23장 1~6절에서 볼 수 있는 바울의 특징은 무엇인가요? 이러한 특징은 우리 삶의 어떤 영역에서 필요할까요?

행동

바울이 자신을 고발한 자들에게 복음을 전하기 위해 담대했던 것처럼, 우리도 날마다 용감하고 담대하게 살아가야 합니다. 그런데 바울이 담대했다 해도 그것은 바울의 힘으로 된 것이 아니었습니다. 예수님을 믿을 때 그리스도로 인해 그의 안에서 이러한 태도가 자랄 수 있었습니다. 그리고 예수님은 우리에게도 마찬가지로 이것을 이루어 가십니다.

- 담대하게 복음을 전했던 때에 대해 서로 이야기해 보세요.
- 용기의 필요성을 말할 때 예수님과의 관계를 강조하는 것이 중요하다고 생각하나요?

다음 모임까지 고린도후서 1~13장을 읽어 보세요.

02

세상의 왕이 아니라 참된 왕을 바라봐

성 경 말 씀	사도행전 24장 22~27절; 25장 1~12절; 26장 24~32절
포 인 트	하나님은 우리 자신이 처한 상황보다 다른 사람의 구원에 더 관심을 기울이기 원하신다.
등 장 인 물	바울(예수님을 핍박하다가 결국 그분을 따르게 되고 이방인의 사도가 됨) 벨릭스(바울이 체포되었을 당시 로마 제국의 유대 총독) 베스도(벨릭스의 후임자) 아그립바(헤롯왕의 증손. 가이사에게 보내기 전에 바울을 심문함)
메시지 좌표	바울은 난폭해진 무리를 하나님의 은혜로 피할 수는 있었지만, 위기에서 벗어나지는 못했습니다. 그는 변론을 스스로 펼쳐야 했고 공개 법정에서 고소인들과 대면해야 했습니다. 바울은 이러한 극적인 사건과 문제의 한 가운데에 서 있었지만 오로지 예수 그리스도께만 집중했습니다.

**세상의 왕들과
맞서게 된 바울**

세상의 통치자 앞에 선
바울이 담대히 변론하다.

파선

폭풍 속에서도 바울과 일행을
구하시고 로마까지 인도하시다.

타락한 벨릭스에게 무슨 말을 한들 들을까

바울이 가이사랴에 있는 헤롯의 궁전에 수감되기는 했지만, 하나님의 역사는 바울에게도 유대인들에게도 끝난 것이 아니었습니다(행 23:11). 대제사장 아나니아가 장로들, 변호사 더둘로와 함께 가이사랴로 내려왔습니다. 아나니아는 바울로부터 "회칠한 담이여 하나님이 너를 치시리로다"(행 23:3)라는 말을 들었던 인물입니다. 예루살렘에서 잘 훈련받은 바리새파 출신의 바울, 그리고 그의 증언을 무너뜨릴 대적 더둘로, 이 두 거물 사이에 장대한 결전이 펼쳐졌습니다.

사도행전 24장 22~27절

벨릭스가 이 도에 관한 것을 더 자세히 아는 고로 연기하여 이르되 천부장 루시아가 내려오거든 너희 일을 처결하리라 하고 백부장에게 명하여 바울을 지키되 자유를 주고 그의 친구들이 그를 돌보아 주는 것을 금하지 말라 하니라 수일 후에 벨릭스가 그 아내 유대 여자 드루실라와 함께 와서 바울을 불러 그리스도 예수 믿는 도를 듣거늘 바울이 의와 절제와 장차 오는 심판을 강론하니 벨릭스가 두려워하여 대답하되 지금은 가라 내가 틈이 있으면 너를 부르리라 하고 동시에 또 바울에게서 돈을 받을까 바라는 고로 더 자주 불러 같이 이야기하더라 이태가 지난 후 보르기오 베스도가 벨릭스의 소임을 이어받으니 벨릭스가 유대인의 마음을 얻고자 하여 바울을 구류하여 두니라

눈치만 보는 베스도에게 로마 시민권을 내밀다

사도행전 25장 1~9절

베스도가 부임한 지 삼 일 후에 가이사랴에서 예루살렘으로 올라가니 대제사장들과 유대인 중 높은 사람들이 바울을 고소할새 베스도의 호의로 바울을 예루살렘으로 옮기기를 청하니 이는 길에 매복하였다가 그를 죽이고자 함이더라 베스도가 대답하여 바울이 가이사랴에 구류된 것과 자기도 멀지 않아 떠나갈 것을 말하고 또 이르되 너희 중 유력한 자들은 나와 함께 내려가서 그 사람에게 만일 옳지 아니한 일이 있거든 고발하라 하니라 베스도가 그들 가운데서 팔 일 혹은 십 일을 지낸 후 가이사랴로 내려가서 이튿날 재판 자리에 앉고 바울을 데려오라 명하니 그가 나오매 예루살렘에서 내려온 유대인들이 둘러서서 여러 가지 중대한 사건으로 고발하되 능히 증거를 대지 못한지라 바울이 변명하여 이르되 유대인의 율법이나 성전이나 가이사에게나 내가 도무지 죄를 범하지 아니하였노라 하니 베스도가 유대인의 마음을 얻고자 하여 바울더러 묻되 네가 예루살렘에 올라가서 이 사건에 대하여 내 앞에서 심문을 받으려느냐

베스도는 벨릭스와 마찬가지로 자신이 중요한 기로에 섰다는 것을 알았습니다. 그는 어떻게 해야 할까요? 베스도는 바울이 로마를 상대로 어떤

죄도 저지르지 않았다는 것을 알았기 때문에 증거 불충분으로 석방할 수 있었습니다. 하지만 그렇게 하지 못했습니다. 유대 지도자들이 분노할지 모른다고 생각했기 때문입니다. 그는 자신의 결정에 대한 책임을 전가하고, 동시에 유대인들의 비위를 맞출 수 있는 길을 찾았습니다. 만약 베스도가 유대인들의 요구대로 바울을 예루살렘으로 보내 재판받게 한다면, 그들은 그에게 빚을 지는 셈이 됩니다. 그래서 베스도가 슬며시 바울에게 예루살렘에 올라가서 심문을 받을 것인지 물었습니다.

바울은 로마 시민으로서의 권리를 행사하고자 가이사(로마 황제의 칭호-역주)에게 직접 상고했습니다. 그 순간, 베스도와 유대인들은 자신들의 권위가 바울 앞에서 무너짐을 경험했습니다. 이제 로마 제국 최고 권력자의 손에 바울의 목숨이 달려 있습니다. 그러나 바울에게는 달라진 것이 아무것도 없었습니다. 그의 생명은 여전히 전능하신 하나님의 손에 있었기 때문입니다.

만약 여러분이 베스도의 자리에 있었다면 어떻게 행동했을까요?

만약 여러분이 바울의 자리에 있었다면 어떻게 행동했을까요?

끝까지 못 믿는 아그립바여, 날 로마로 보내다오

바울은 지도자들 앞에 끌려가 기나긴 증언을 해야 했습니다. 사노 바울은 자신이 받은 유대교 유산과 다메섹에서의 회심과 부활의 소망에 관해 상세히 전했습니다.

옥중에서 기뻐한 바울

어려운 상황에서도 복음 때문에 기뻐하라고 격려하다.

위대하신 그리스도

만물의 으뜸이신 그리스도께서 화목하게 하신다.

빌레몬과 오네시모

복음은 관계를 회복시킨다.

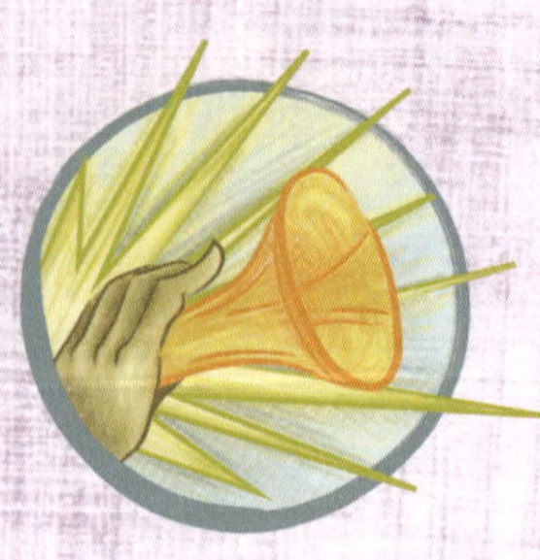

주님의 날

그리스도인은 다가올 주님의
날을 소망한다.

사도행전 26장 24~27절

바울이 이같이 변명하매 베스도가 크게 소리 내어 이르되 바울아 네가 미쳤도다 네 많은 학문이 너를 미치게 한다 하니 바울이 이르되 베스도 각하여 내가 미친 것이 아니요 참되고 온전한 말을 하나이다 왕께서는 이 일을 아시기로 내가 왕께 담대히 말하노니 이 일에 하나라도 아시지 못함이 없는 줄 믿나이다 이 일은 한쪽 구석에서 행한 것이 아니니이다 아그립바왕이여 선지자를 믿으시나이까 믿으시는 줄 아나이다

사도행전 26장 28~32절

아그립바가 바울에게 이르되 네가 적은 말로 나를 권하여 그리스도인이 되게 하려 하는도다 바울이 이르되 말이 적으나 많으나 당신뿐만 아니라 오늘 내 말을 듣는 모든 사람도 다 이렇게 결박된 것 외에는 나와 같이 되기를 하나님께 원하나이다 하니라 왕과 총독과 버니게와 그 함께 앉은 사람들이 다 일어나서 물러가 서로 말하되 이 사람은 사형이나 결박을 당할 만한 행위가 없다 하더라 이에 아그립바가 베스도에게 이르되 이 사람이 만일 가이사에게 상소하지 아니하였더라면 석방될 수 있을 뻔하였다 하니라

알짬 교리 99

공의로우신 하나님

하나님은 자신의 도덕적 피조물들을 위해 그분의 의에 준한 기준을 세우셨고, 그 기준에 따라 피조물을 심판하실 것입니다(레 11:44~45; 롬 2:5~11; 고후 5:10). 만약 하나님이 심판하지 않으신다면, 그것은 의로우신 하나님의 성품에 어긋나는 일이 될 것입니다. 인간은 하나님의 의로운 기준에 합당하게 살지 못하고 죄를 지었습니다. 그래서 공의로 죄인을 심판하시는 하나님은 그리스도 안에 있는 믿는 사람들을 구원하시기 위해, 단지 재판관이실 뿐만 아니라, 죗값을 치르기 위한 제물이 되기로 하셨습니다(롬 3:25~26).

그리스도와의 연결

세상의 통치자 앞에서 자신을 변호한 사람이 바울만 있었던 것은 아닙니다. 예수 그리스도께서도 자신을 변호하셨습니다. 본디오 빌라도는 예수님에게 유대인의 왕이라는 정체성에 관해 물었습니다(요 18:33). 실로, 예수님은 유대인의 왕이셨지만 그 이상이십니다. 만왕의 왕이요 만주의 주이시기 때문입니다(딤전 6:15). 세상에서 가장 위대하다는 솔로몬 왕도 "모든 왕이 그의 앞에 부복하며 모든 민족이 다 그를 섬기리로다"(시 72:11)라고 선포했습니다. 언젠가 모든 왕이 무릎을 꿇고, 모든 입이 예수 그리스도를 주님으로 고백할 것입니다(빌 2:10~11).

하나님이 들려주시는 이야기는 오늘을 사는 나와 늘 연결되어 있습니다. 아래 질문에 답하면서 성경 이야기가 내 이야기와 어떻게 연결되는지 생각해 봅시다.

▶ 바울이 세 통치자들과 만나는 장면에서 가장 놀랄 만한 사실이 있다면 무엇인가요?

▶ 바울이 당대 지식인들에게 자신의 신앙을 논리 정연하게 전달했다는 사실은 매우 인상적입니다. 그렇게 할 필요가 있었습니다. 어떻게 하면 우리도 이 시대 지식인들에게 믿음을 전달할 준비를 좀 더 할 수 있을까요?

▶ 바울은 어떻게 수감 생활을 견딜 수 있었을까요?

▶ 삶의 역경과 고난에 부딪힌 사람이 바울에게서 배울 수 있는 것은 무엇일까요?

하나님의 이야기
하나님이 그분의 아들
예수 그리스도를 통해
우리를 구속해 주신 이야기

우리의 이야기
우리의 이야기가
하나님의 이야기와
만나는 곳

YOUR MISSION

생각

절체절명의 위기에서 바울은 자신의 궁극적 정체성을 예수 그리스도께 매여 있는 데에서 찾았습니다. 이는 최선의 방어였으며, 진정한 그리스도인의 모습입니다. 바울은 거짓 고발과 공격 때문에 비난받고 투옥되고 고문당하고 조롱당해도 당당하게 서서 그리스도를 향한 충성을 보여 주었습니다. 그리스도의 복음에 근거했기에 바울은 조금도 뒷걸음치지 않았습니다.

- 그리스도인이 자신의 정체성을 소유나 업적이나 세상의 관계가 아닌 예수 그리스도에 근거해야 하는 이유는 무엇인가요?
- 그리스도인의 정체성에 대한 바울의 고백을 듣고 무엇을 깨닫게 되었나요? 그리스도인의 정체성대로 살아가기 위해서는 어떻게 해야 할까요?

마음

아그립바왕은 복음을 듣고도 받아들이지 못한 듯합니다. 혹시 주변에 이런 사람이 있나요? 혹시 여러분이 아직 복음을 받아들이지 못하고 있나요? 교만, 쾌락, 주위의 압박 등 변명거리가 많을 것입니다. 그런데 이에 관한 기독교의 가슴 아픈 진실은 이것입니다. 지옥은 여러 이유로 계속 거절하며 그리스도인이 되지 못한 사람들로 가득할 것이 분명하다는 것입니다.

- 사람들이 복음을 듣고도 믿지 못하는 이유는 무엇일까요?
- 구원의 확신이 분명한 것이 중요할까요? 어떤 사람이 진정한 그리스도인일까요?

행동

바울을 통해, 복음 전하는 일은 우리의 몫이지만 회심은 하나님의 역사임을 배우게 됩니다. 바울뿐 아니라 우리에게도 하나님이 만나게 하시는 모든 사람에게 복음을 전할 책임이 있습니다. 우리는 복음을 전하고 기도하고 도전하고 격려할 수 있지만, 거듭나게 할 수는 없습니다. 오직 성령만이 복음을 받아들이게 하고, 완악한 마음을 변화시켜 새 생명을 주실 수 있습니다.

- 최근에 복음을 전했나요? 복음을 전해야 할 때에 주저하게 되는 이유는 무엇인가요?
- 바울의 복음 전파는, 기회가 닿는 대로 복음을 전하도록 여러분에게 힘이 되나요?

다음 모임까지 사도행전 20:1~3; 로마서 1~8장을 읽어 보세요.

03

배는 깨져도 약속은 깨지지 않아

성경 말씀	사도행전 27장 13~44절; 28장 11~16절
포 인 트	미래가 불확실하고 불안정한 것처럼 보임에도 불구하고, 하나님은 사명을 계속 감당하라고 하신다.
등 장 인 물	바울(예수님을 핍박하다가 결국 그분을 따르게 되고 이방인의 사도가 됨)
메시지 좌표	예루살렘과 가이사랴의 감옥에서도 무사했던 바울이 배를 타고 가다가 광풍을 만나 표류하게 되었습니다. 그는 자신이 또 다른 감옥, 즉 침몰하는 감옥에 갇혔다는 사실을 깨달았습니다. 예수님을 믿음으로써 마른 땅에서도 고난을 당했는데, 파도가 급격히 높아지는 바다에서 또 다른 고난에 부딪힌 것입니다. 그 고난 가운데서 예수님은 그분이 전능한 참하나님이심을 증명해 주셨는데, 바울은 그 사실을 기억하고 주님을 계속 신뢰할 수 있을까요?

파선

폭풍 속에서도 바울과 일행을
구하시고 로마까지 인도하시다.

옥중에서 기뻐한 바울

어려운 상황에서도 복음
때문에 기뻐하라고 격려하다.

겁내지 마! 로마에 가게 될 거야

바울은 목숨이 위태로워지자, 가이사랴에서 예루살렘으로 돌아가지 않을 수 있도록 가이사에게 호소하며 로마 시민으로서의 권리를 행사했습니다. 사건을 심리하던 아그립바는 바울이 호소하지 않았다면 그를 풀어 줄 수 있었을 것입니다. 그러나 이제는 죄수 바울을 로마로 이송할 수밖에 없게 되었습니다. 바울이 로마에서도 증언해야 한다는(행 23:11) 예수님의 약속이 성취되기 위해 이러한 사건이 일어났습니다. 바울은 반드시 복음을 전하러 로마에 갈 것이고, 그곳에서 로마 제국의 보호를 받게 될 것입니다.

사도행전 27장 13~26절

남풍이 순하게 불매 그들이 뜻을 이룬 줄 알고 닻을 감아 그레데 해변을 끼고 항해하더니 얼마 안 되어 섬 가운데로부터 유라굴로라는 광풍이 크게 일어나니 배가 밀려 바람을 맞추어 갈 수 없어 가는 대로 두고 쫓겨 가다가 가우다라는 작은 섬 아래로 지나 간신히 거루를 잡아 끌어 올리고 줄을 가지고 선체를 둘러 감고 스르디스에 걸릴까 두려워하여 연장을 내리고 그냥 쫓겨 가더니 우리가 풍랑으로 심히 애쓰다가 이튿날 사공들이 짐을 바다에 풀어 버리고 사흘째 되는 날에 배의 기구를 그들의 손으로 내버리니라 여러 날 동안 해도 별도 보이지 아니하고 큰 풍랑이 그대로 있으매 구원의 여망마저 없어졌더라 여러 사람이 오래 먹지 못하였으매 바울이 가운데 서서 말하되 여러분이여 내 말을 듣고 그레데에서 떠나지 아니하여 이 타격과 손상을 면하였더라면 좋을 뻔하였느니라 내가 너희를 권하노니 이제는 안심하라 너희 중 아무도 생명에는 아무런 손상이 없겠고 오직 배뿐이리라 내가 속한 바 곧 내가 섬기는 하나님의 사자가 어제 밤에 내 곁에 서서 말하되 바울아 두려워하지 말라 네가 가이사 앞에 서야 하겠고 또 하나님께서 너와 함께 항해하는 자를 다 네게 주셨다 하였으니 그러므로 여러분이여 안심하라 나는 내게 말씀하신 그대로 되리라고 하나님을 믿노라 그런즉 우리가 반드시 한 섬에 걸리리라 하더라

바울이 탄 배가 광풍에 내던져진 부분을 읽고, 구약의 요나 선지자를 떠올릴지도 모릅니다. 둘 다 하나님께 사명을 받고 보냄을 받았기 때문입니다. 그들이 탄 배는 같은 해안가를 각각 지나갔고 도중에 광풍을 만났습니다.

요나 선지자와 비슷한 상황에 놓인 적이 있었나요? 요나보다는 바울에 더 가깝게 반응했던 때가 있다면, 언제인가요?

머리카락 한 올도 다치지 않을 거야

사도행전 27장 33~34절
날이 새어 가매 바울이 여러 사람에게 음식 먹기를 권하여 이르되 너희가 기다리고 기다리며 먹지 못하고 주린 지가 오늘까지 열나흘인즉 음식 먹기를 권하노니 이것이 너희의 구원을 위하는 것이요 너희 중 머리카락 하나도 잃을 자가 없으리라 하고

바울은 예수님의 말씀이 있었기 때문에, 배에 발을 딛기도 전에 이미 알고 있었습니다. 어떤 일이 일어나더라도 그 여정에서 살아남으리라는 것을 말입니다. 예수님이 그에게 해 주신 말씀은 그가 로마에서도 복음을 전해야 한다는 것이었습니다. 광풍 가운데 하나님은 바울에게 천사를 보내 주셔서 그뿐만 아니라 배에 탄 다른 사람들도 살아남을 것이라고 알려 주셨습니다. 바울은 자신이 들은 좋은 소식을 혼자만 간직하지 않았습니다. 그는 함께 탑승한 다른 사람들에 대해서도 매우 염려해 왔습니다. 그는 그들이 풍랑을 두려워하느라 그들을 보호하시는 하나님의 주권에서 비롯되는 소망을 놓치지 않기를 바랐습니다. 또한 바울은 그들에게 예수님을 선포할 수 있는 기회를 놓치고 싶지 않았습니다. 비록 지금은 절망적인 상황으로 보일지라도, 하나님이 그들을 지켜보며 보살펴 주신다는 사실을 전할 수 있는 너무나도 좋은 기회였기 때문입니다.

최근에 하나님의 약속으로 누군가를 격려하거나 누군가로부터 격려받은 적이 있나요?

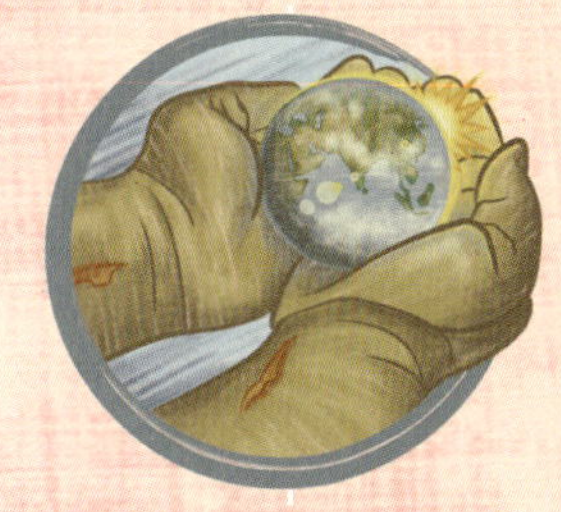

위대하신 그리스도

만물의 으뜸이신 그리스도께서 화목하게 하신다.

빌레몬과 오네시모

복음은 관계를 회복시킨다.

내 말이 맞지? 로마로 가자

바울이 군인과 선원에게 식사하라고 권했고, 모두 배부르게 먹은 후에 남은 밀을 바다에 버려 배를 가볍게 했습니다. 그다음 날에 배가 해안에 부딪히자 배에 있던 276명 전원이 헤엄치거나 배의 물건에 의지하여 나아가 멜리데섬에 올랐습니다. 겨울이 끝나고, 로마로 떠날 때가 다가오고 있었습니다.

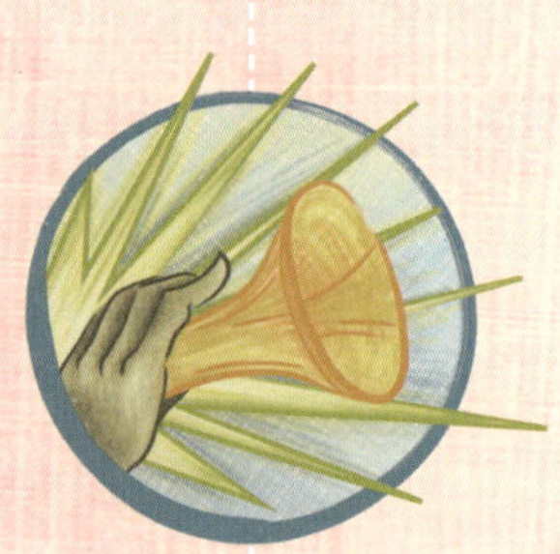

주님의 날

그리스도인은 다가올 주님의
날을 소망한다.

믿음을 수호함

거짓 교사들에 맞서 진리를
지키다.

사도행전 28장 11~16절

석 달 후에 우리가 그 섬에서 겨울을 난 알렉산드리아 배를 타고 떠나니 그 배의 머리 장식은 디오스구로라 수라구사에 대고 사흘을 있다가 거기서 둘러 가서 레기온에 이르러 하루를 지낸 후 남풍이 일어나므로 이튿날 보디올에 이르러 거기서 형제들을 만나 그들의 청함을 받아 이레를 함께 머무니라 그래서 우리는 이와 같이 로마로 가니라 그곳 형제들이 우리 소식을 듣고 압비오 광장과 트레이스 타베르네까지 맞으러 오니 바울이 그들을 보고 하나님께 감사하고 담대한 마음을 얻으니라 우리가 로마에 들어가니 바울에게는 자기를 지키는 한 군인과 함께 따로 있게 허락하더라

교회의 사명

교회는 십자가에 못 박히셨다가 부활한 왕이신 예수님에 대한 복음 선포를 믿음으로써 연합된 백성을 말하며, 하나님 나라의 표시이자 도구입니다. 교회의 사명은 성령님의 권능으로 세상에 가서 제자 삼는 것입니다. 이를 위해 교회는 이 복음을 선포하고, 계속되는 회개와 믿음의 반응으로 사람들을 초대하고, 그리스도의 주권에 순복해 하나님의 영광과 세상의 선을 위해 삶으로써 복음의 능력과 진리를 나타내야 합니다.

그리스도와의 연결

바울은 풍랑을 견디며 배에 머무는 것이 구조될 수 있는 유일한 길이라고 말했습니다. 바울의 말은 심판을 통해 구원이 다가왔던 몇 사건을 떠올리게 합니다. 예를 들어 노아의 방주, 홍해를 건넌 일 같은 사건들 말입니다. 우리를 대신하여 이 땅에서 고통당하신 예수님으로 인해 우리는 풍랑 가운데서도 주님이 이끄실 것을 믿으며 주님과 그분의 약속을 붙들 수 있습니다.

> 하나님은 우리와 사망의 음침한 골짜기를 지나지 않을 것이라고 말씀하신 적이 없습니다. 오히려 우리와 함께 가겠다고 말씀하셨습니다.
> R. C. 스프로울 R. C. Sproul

03 배는 깨져도 약속은 깨지지 않아

하나님이 들려주시는 이야기는 오늘을 사는 나와 늘 연결되어 있습니다. 아래 질문에 답하면서 성경 이야기가 내 이야기와 어떻게 연결되는지 생각해 봅시다.

▶ 때로 어려운 상황을 만났음에도 불구하고 바울은 자기 삶에서 신실하신 하나님을 경험했습니다. 신실하신 하나님을 최근에 어떤 식으로 경험해 봤나요?

▶ 통치자들 앞에서 재판받든 바다에서 표류하든, 바울은 늘 복음을 전할 곳을 찾았습니다. 하나님이 복음을 전하도록 이번 주에 나를 인도하시는 곳이 있다면 어디일까요?

▶ 바울과 마찬가지로, 우리에게도 하나님의 약속을 믿거나 그 대신 다른 것을 믿을 수 있는 선택권이 주어졌습니다. 하나님의 약속을 믿는 것이 더 나은 선택이라고 한다면 그 이유는 무엇인가요?

▶ 이 이야기에서 어떤 부분이 가장 인상적이었나요? 그것으로 어떤 지혜를 얻었나요?

하나님의 이야기
하나님이 그분의 아들
예수 그리스도를 통해
우리를 구속해 주신 이야기

우리의 이야기
우리의 이야기가
하나님의 이야기와
만나는 곳

YOUR MISSION

생각

예수님은 바울에게 그의 생명을 구해 주겠다고 약속하셨습니다. 그러나 배를 구해 주겠다는 약속은 하지 않으셨습니다. 배는 마침내 가라앉았습니다. 바울은 구조되었지만, 물에 흠뻑 젖었습니다. 때때로 하나님은 우리가 물에 젖게 놔두십니다. 하나님 외에는 달리 매달릴 곳이 없게끔 말입니다. 그 덕분에 더 나은 삶을 살게 되며, 다른 사람들도 마찬가지입니다. 그리스도께서는 종종 우리가 평안할 때보다 고난당할 때에 더 빛을 발하십니다.

- 바울은 자신을 에워싼 광풍 대신에 하나님의 약속을 바라볼 수 있었습니다. 어떻게 하면 우리도 자신이 처한 곤경이 아닌 하나님께 초점을 맞출 수 있을까요?

- 어려울 때마다 기억하면서 힘을 얻을 수 있는 하나님의 약속의 말씀은 무엇인가요?

마음

살면서 인생의 빙산에 부딪혔던 때, 순식간에 뒤집혀 인생의 순항을 멈췄던 때를 떠올려 보세요. 세상이 무너진 것 같았을 그때 여러분은 무엇에 매달렸나요? 어디를 향해 마음의 닻을 내렸나요? 요나처럼 하나님이 아닌 다른 것에 닻을 내렸나요? 아니면 바울처럼 우리를 절대로 떠나지 않으신다는 하나님의 약속을 믿는 믿음에 닻을 내렸나요?

- 이해하기 힘든 때, 세상이 무너지는 듯한 때에 하나님의 약속을 붙잡은 적이 있나요?

- 하나님께 온전히 순종하지 못하게 가로막는 것은 무엇인가요? 만약 하나님이 그것을 가져가신다면 여러분에게 어떤 변화가 일어날까요? 결국에는 어떻게 나아질까요?

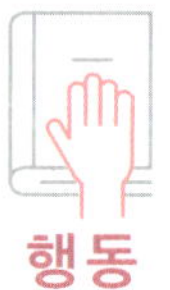

행동

바울은 하나님이 어디로 보내시든, 상황이 어떻든 용기를 잃지 않았습니다. 바울에게 교회가 필요했듯이, 우리도 마찬가지입니다. 하나님은 공동체와 분리되어 살도록 우리를 짓지 않으셨습니다. 바울도 마찬가지입니다. 주님은 우리에게 교회를 허락하셨고, 우리를 교회로 보내셨습니다. 따라서 우리는 사명을 완수할 수 있도록 사랑 안에서 서로 격려할 수 있습니다. 우리는 혼자가 아닙니다.

- 사도 바울에게 격려가 필요했듯이 교회 지도자들도 마찬가지입니다. 어떻게 하면 교회 교역자들과 리더들을 격려할 수 있을까요?

- 내가 그리스도와 동행할 수 있도록 격려해 준 친구가 있나요? 우리도 다른 친구들을 격려해 주려면 어떻게 해야 할까요?

다음 모임까지 로마서 9~16장을 읽어 보세요.

 　　03 배는 깨져도 약속은 깨지지 않아

04

내가 늘 기쁜 이유를 말해 줄게

성 경 말 씀　빌립보서 1장 12~30절

포　인　트　하나님은 어떤 상황에서도 흔들리지 않고 예수님 안에서 기쁨을 표현하길 원하신다.

등 장 인 물　바울(예수님을 핍박하다가 결국 그분을 따르게 되고 이방인의 사도가 됨)

메시지 좌표　빌립보서는 바울의 옥중 서신 가운데 하나로, 그가 감옥에서 구술한 것을 속기로 기록하여 교회에 보낸 편지입니다. 빌립보서는 기쁨, 그리스도인의 연합, 예수 그리스도를 높이는 것과 같은 중요한 주제가 담긴, 그 자체로 독특한 편지입니다.

고난이 도리어 기쁨이 된다는 걸 알면

빌립보서 1장 12~18절
형제들아 내가 당한 일이 도리어 복음 전파에 진전이 된 줄을 너희가 알기를 원하노라 이러므로 나의 매임이 그리스도 안에서 모든 시위대 안과 그 밖의 모든 사람에게 나타났으니 형제 중 다수가 나의 매임으로 말미암아 주 안에서 신뢰함으로 겁 없이 하나님의 말씀을 더욱 담대히 전하게 되었느니라 어떤 이들은 투기와 분쟁으로, 어떤 이들은 착한 뜻으로 그리스도를 전파하나니 이들은 내가 복음을 변증하기 위하여 세우심을 받은 줄 알고 사랑으로 하나 그들은 나의 매임에 괴로움을 더하게 할 줄로 생각하여 순수하지 못하게 다툼으로 그리스도를 전파하느니라 그러면 무엇이냐 겉치레로 하나 참으로 하나 무슨 방도로 하든지 전파되는 것은 그리스도니 이로써 나는 기뻐하고 또한 기뻐하리라

옥중에서 기뻐한 바울

어려운 상황에서도 복음 때문에 기뻐하라고 격려하다.

종종 우리에게도 곤경이 찾아옵니다. 바울에게 그러셨던 것처럼 하나님은 우리도 어려움을 통해 그리스도께 관심을 갖게 하십니다. 그러나 많은 사람이 이것을 받아들이기 어려워합니다. 하나님이 바울을 역경에도 불구하고 사용하셨는데, 우리는 그를 이례적인 인물로만 보고 싶어 합니다. 바울이 감옥에 있었던 것이 복음 전파에 방해가 되었다고 믿고 싶어 합니다. 그렇습니다. 그가 감옥에서도 복음을 전할 수는 있었겠지만, 그가 자유로웠다면 얼마나 더 많은 사람에게 복음을 전할 수 있었을지 상상해 보세요. 그런데 이것은 바울이 하나님의 계획을 보는 방법이 아니며, 우리가 저항해야 하는 사고방식입니다. 하나님은 바울의 역경에도 불구하고 일하신 것이 아니라 오히려 그 역경을 통해 일하셨습니다.

하나님이 고난을 통해 복음을 전하시는 것을 경험한 적이 있나요?

위대하신 그리스도

만물의 으뜸이신 그리스도께서 화목하게 하신다.

바울은 곤경을 복음 전하는 힘으로 연결시킬 수 있었습니다. 이러한 선교의 장을 하나님은 바울에게만 주신 것이 아닙니다. 하나님은 다른 사람들에게도 복음을 전할 수 있는 선교의 장을 주셨습니다. 투옥된 바울은 교회로 하여금 두려워 숨게 하기는커녕 오히려 믿는 자들에게 하나님의 말씀을 담대하게 전할 수 있는 확신을 주었습니다(14절).

    04 내가 늘 기쁜 이유를 말해 줄게

죽음조차 유익하다는 것을 알면

바울처럼 우리도 갈등에 빠질 수 있습니다. 바울은 두 세계 사이에서 고
민합니다. 한편으로는 가이사에게 호소함으로써 처형될 수 있다는 것을
알았고, 그것은 그가 예수님과 함께하게 되리라는 것을 의미했습니다.
바로 그 생각이 바울의 마음과 정신을 사로잡았습니다. 다메섹으로 가는
길에서 마주쳤던 그리스도를 눈으로 보게 되다니! 슬픔을 주고 천상의
축하연을 받게 된다니, 쇠사슬과 면류관을 맞바꾸게 된다니 말입니다.
바울이 "죽는 것도 유익함이라"(빌 1:21)라고 말한 것도 당연합니다.

그러나 한편으로는 살고 싶었습니다. 관에 실려 나가는 것이 아니
라 두 발로 감옥에서 걸어 나가고 싶었습니다. 죽음이 두려워서가 아닙
니다. 우리는 그가 그리스도와 함께하고 싶어 했음을 이미 알고 있습니
다. 그리스도를 위해 할 일이 아직 더 남아 있었기 때문입니다. 바울은 복
음을 더 빨리 더 널리 전하기 위해서 자기에게 주어진 사명을 계속해 나
가길 바랐습니다. 죽음은 그에게 유익한 일이 되겠지만, 삶은 그리스도
께 유익한 일이 될 것입니다. 하나님이 허락하신 매 순간이 예수님을 드
러내는 삶이 될 것이기 때문입니다.

빌레몬과 오네시모

복음은 관계를 회복시킨다.

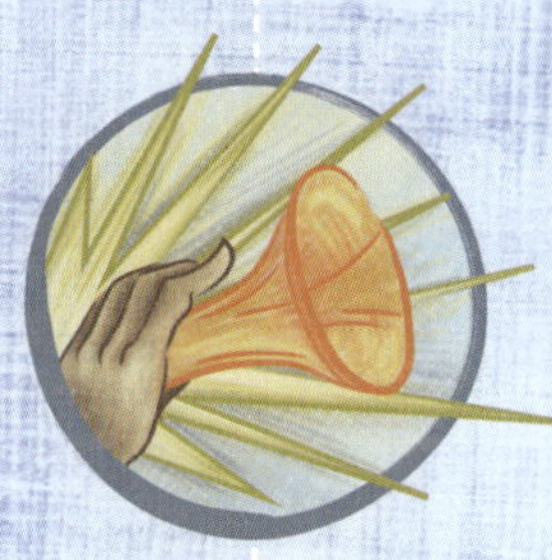

주님의 날

그리스도인은 다가올 주님의
날을 소망한다.

한마음 한뜻으로 서면 두렵지 않아

믿음을 수호함

거짓 교사들에 맞서 진리를 지키다.

빌립보서 1장 27~30절

오직 너희는 그리스도의 복음에 합당하게 생활하라 이는 내가 너희에게 가 보나 떠나 있으나 너희가 한마음으로 서서 한뜻으로 복음의 신앙을 위하여 협력하는 것과 무슨 일에든지 대적하는 자들 때문에 두려워하지 아니하는 이 일을 듣고자 함이라 이것이 그들에게는 멸망의 증거요 너희에게는 구원의 증거니 이는 하나님께로부터 난 것이라 그리스도를 위하여 너희에게 은혜를 주신 것은 다만 그를 믿을 뿐 아니라 또한 그를 위하여 고난도 받게 하려 하심이라 너희에게도 그와 같은 싸움이 있으니 너희가 내 안에서 본 바요 이제도 내 안에서 듣는 바니라

바울은 교회가 경청해야 할 내용을 정확히 말하고 있습니다. 그는 빌립보 성도들이 그의 역경을 거리가 먼 일로, 그들과 무관한 일로 여기기를 원하지 않았습니다. 그들은 준비해야 했습니다. 만약 준비되어 있지 않다면, 대적이 다가오고 있으니 대비할 필요가 있습니다. "한마음으로 서서 한뜻으로 복음의 신앙을 위하여 협력"(27절)해야 합니다. 그들은 그리스도를 위해 고난당하게 될 것입니다. 그리고 바울과 똑같은 갈등을 겪게 될 것입니다. 그들은 과연 그럴 준비가 되어 있었을까요?

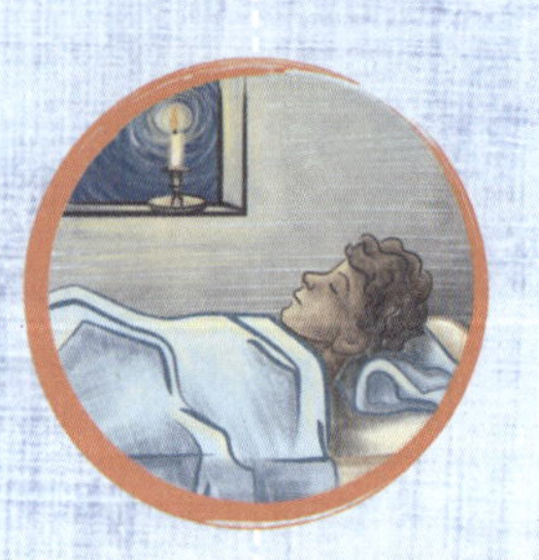

예수님을 기다리다

하나님은 인내와 자비로 오래 참으신다.

교회의 덕을 세움

알짬 교리 **99**

'교회의 덕을 세운다'는 것은 개별적으로나 집단적으로 성장과 성숙을 기하는 것을 의미합니다. 성경은 성장이나 성숙이 일어날 수 있는 여러 방식에 관해 이야기합니다. 예를 들면, 그리스도인의 상호 교제와 같은 것입니다(고전 12:26; 갈 6:2). 또한 교회는 성경 말씀을 선포하고 가르침으로써(엡 4:11) 성도들이 하나님의 온전하신 뜻을 이해하고 받아들일 수 있도록 돕습니다. 결국 '교회의 덕을 세운다'는 것은 성도들이 하나님 나라의 사명을 감당하며 살 수 있도록 준비시킴으로써 그리스도의 몸을 세우는 것입니다.

그리스도와의 연결

바울은 자신이 투옥되었다고 해서 하나님의 사역이 멈춘 것이 아님을 알았습니다. 그는 하나님이 주권적으로 자신의 삶을 통해 하나님 나라를 확장시키고 교회를 세울 계획을 세우셨음을 믿었습니다. 바울은 예수님의 고통을 통해 우리가 구원받았으니, 하나님의 백성이 고난받음으로써 하나님의 사역이 이루어져 갈 것임을 이해했습니다.

하나님이 들려주시는 이야기는 오늘을 사는 나와 늘 연결되어 있습니다. 아래 질문에 답하면서 성경 이야기가 내 이야기와 어떻게 연결되는지 생각해 봅시다.

▶ 어려움을 겪는 바울에게 빌립보 성도들은 큰 힘이 되어 주었습니다. 이처럼 어려움을 겪는 주위 사람에게 힘이 되어 주기 위해 우리가 할 수 있는 일에는 무엇이 있을까요?

▶ 여러분은 하루하루를 어떤 목적으로 살아가고 있나요? 그에 맞춰 여러분의 시간과 에너지와 열정과 자원을 쓰는 방식을 어떤 식으로 바꿀 필요가 있을까요?

▶ 죽음에 관한 우리의 관점은 믿지 않는 사람들에게 어떤 격려와 도전을 줄 수 있을까요?

▶ 우리는 믿음의 역경에 어떻게 반응하나요? 바울이 빌립보 성도들에게 보낸 격려 편지의 교훈은 무엇인가요?

하나님의 이야기
하나님이 그분의 아들
예수 그리스도를 통해
우리를 구속해 주신 이야기

우리의 이야기
우리의 이야기가
하나님의 이야기와
만나는 곳

YOUR MISSION

생각

하나님은 바울의 피땀과 눈물을 헛되이 사용하지 않으셨습니다. 또한 우리의 피땀과 눈물도 헛되이 사용하지 않으실 것입니다. 그리스도께서는 우리의 명예보다 신실함을 더 중요하게 여기십니다. 은혜가 펼쳐지는 무대에서 우리가 맡은 배역이 무엇이든지, 즉 우리가 매우 보잘것없더라도 하나님은 우리가 당하는 고난과 그 고난을 통해 경험하는 기쁨을 사용하실 것입니다. 우리의 고통은 우리가 상상할 수 없는 방식으로 복음을 진전시킵니다.

- 예수님께 신실함이 더 중요한 이유는 무엇일까요?
- 우리가 다른 무엇보다 예수님께 신실하려고 노력하는 것은 다른 사람들에게 무엇을 보여 주게 될까요?

마음

우리는 머리로 아는 것과 마음으로 느끼는 것이 일치하지 않아서 씨름할 때가 많습니다. 상황이 어떠하든지 그리스도를 위해 살아야 함을 아는 것과, 어려움 가운데에서도 그리스도를 위해 살며 기쁨을 느끼는 것은 다른 일입니다. 그 차이를 줄이기 위해 할 수 있는 일이 있을까요? 만약 오늘의 몫으로 기쁨을 느낄 수 없다면, 내일의 몫에서 가져오면 됩니다. 미래에 그리스도와 함께 사는 소망이 지금 그분을 위해 사는 여러분의 기쁨을 키워 가게 해 주세요.

- 하나님 안에서 누리는 기쁨이 얼마나 오래가나요? 기쁨을 누리며 사는 데 가장 큰 어려움은 무엇인가요?
- 하나님이 아닌 다른 것에서 궁극적인 즐거움을 찾으려 한다면 어떤 일이 일어날까요?

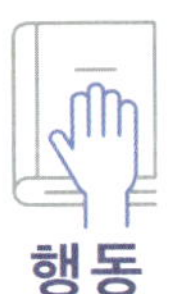

행동

루마니아 출신의 범브란트 목사는 신앙 때문에 투옥되었을 때, 원수를 미워하면서 동시에 사랑할 수 없음을 깨달았습니다. 그래서 그는 자신을 고문하는 자들을 용서했습니다. 공산주의자들은 그의 얼굴에서 기쁨을 발견했고, 많은 이가 개종하게 되었습니다. 그중 몇몇은 목사나 선교사나 사역자가 되었습니다. 성도의 고난은 종종 피 흘림과 죽음을 통해 선교의 계기가 되기도 합니다. 범브란트 목사는 그것을 깨달았고, 바울도 알았습니다. 그리고 현재 전 세계에서 사슬에 매여 고통당하고 있는 그리스도인들도 그것을 알고 있습니다.

- 예수님을 전하기 위해 지금 고통당하고 있는 전 세계 그리스도인들을 위해 잠시 멈추어 기도하세요.
- 어떻게 하면 예수님 안에서 누리는 기쁨을 다른 사람들에게 알릴 수 있을까요?

> 다음 모임까지 **사도행전 20:4-26:32**을 읽어 보세요.

05

알고 있니?
화목하게 하시는 분을

성 경 말 씀 골로새서 1장 15절~2장 3절

포 인 트 예수님은 세상을, 하나님과 우리를, 우리 서로를 회복시키신다.

등 장 인 물 바울(예수님을 핍박하다가 결국 그분을 따르게 되고 이방인의 사도가 됨)

메시지 좌표 이제 우리는 바울의 또 다른 옥중 서신인 골로새서를 살펴볼 것입니다. 다른 교회들과 마찬가지로 골로새 교회도 안팎으로 어려움을 겪고 있었습니다. 지금의 터키 지역에 있던 골로새는 바울 시대에 부유한 이웃 도시 라오디게아나 히에라볼리와 더불어 동서 교통의 요지였습니다. 믿는 자들 사이에 내부적 갈등이 확실히 있었습니다. 게다가 골로새 교회에 위험한 이단들이 활보하기 시작했습니다. 결국 이단 세력은 수십 년 뒤에 많은 교회에 문제를 일으켰습니다.

위대하신 그리스도

만물의 으뜸이신 그리스도께서
화목하게 하신다.

빌레몬과 오네시모

복음은 관계를 회복시킨다.

만물을 화목하게 하시는 예수님을 찬송하라

골로새서 1장 15~20절
그는 보이지 아니하는 하나님의 형상이시요 모든 피조물보다 먼저 나신 이시니 만물이
그에게서 창조되되 하늘과 땅에서 보이는 것들과 보이지 않는 것들과 혹은 왕권들이나
주권들이나 통치자들이나 권세들이나 만물이 다 그로 말미암고 그를 위하여 창조되었
고 또한 그가 만물보다 먼저 계시고 만물이 그 안에 함께 섰느니라 그는 몸인 교회의 머
리시라 그가 근본이시요 죽은 자들 가운데서 먼저 나신 이시니 이는 친히 만물의 으뜸이
되려 하심이요 아버지께서는 모든 충만으로 예수 안에 거하게 하시고 그의 십자가의 피
로 화평을 이루사 만물 곧 땅에 있는 것들이나 하늘에 있는 것들이 그로 말미암아 자기
와 화목하게 되기를 기뻐하심이라

그리스도에 관한 골로새 성도들의 오해를 바로잡기 위해서 바울은 많은
사람이 그리스도께서 창조주로서 가지신 우월성을 표현한 초대교회의
찬송을 믿는다는 것을 이용했습니다. 하나님의 아들은 피조물이 아니시
며, "만물보다 먼저"(17절) 계셨던 창조주이십니다. "만물이 그에게서 창
조"되었고, "만물이 다 그로 말미암고 그를 위하여 창조"되었습니다(16
절). 게다가 "만물이 그 안에 함께"(17절) 섰으니, 이는 그리스도께서 만물
을 창조하시고, 알아서 살아가도록 내버려 둔 채 떠나시지 않았다는 뜻
입니다. 그분은 계속해서 자기의 피조물에 적극적으로 관여하십니다. 하
나님의 아들은 창조주이며 만물을 다스리시는 분입니다.

하나님과 화목하게 하시는 예수님을 찬송하라

골로새서 1장 21~23절
전에 악한 행실로 멀리 떠나 마음으로 원수가 되었던 너희를 이제는 그의 육체의 죽음으
로 말미암아 화목하게 하사 너희를 거룩하고 흠 없고 책망할 것이 없는 자로 그 앞에 세
우고자 하셨으니 만일 너희가 믿음에 거하고 터 위에 굳게 서서 너희 들은 바 복음의 소
망에서 흔들리지 아니하면 그리하리라 이 복음은 천하 만민에게 전파된 바요 나 바울은
이 복음의 일꾼이 되었노라

그리스도께서는 피조물을 화목하게 하는 데 뛰어나신 것처럼 우리로 하
여금 하나님과 화목하게 하는 데도 뛰어나십니다. 그분은 육신을 입으
시고 우리를 대신하여 자기 몸을 내어 주심으로써 이 모든 것을 이루셨
습니다. 그리스도께서 십자가에서 흘리신 피로 말미암아 우리는 더 이

상 하나님과 멀어진 원수이거나 악한 존재가 아닙니다. 옛 사람은 이미 그리스도와 함께 십자가에 못 박혔기 때문입니다. 이전 사람은 그리스도 안에서 새로운 생명과 새로운 정체성을 얻었습니다. 이 새 사람은 거룩하고 흠 없고 책망할 것이 없는 자로 선포됨으로써 그리스도께서 그를 하나님 아버지께로 올려드립니다. 이것이 그리스도의 화해가 가져오는 근본적인 변화입니다. 주님이 죄의 저주를 없애셨습니다. 깨어진 것을 회복하시고, 잘못된 것을 바로잡으셨습니다. 우리가 아니라 그리스도께서 화목하게 하는 사역을 성취하셨습니다. 그리고 이것이 바로 주님이 우리 구원의 영광을 받으시는 이유입니다.

예수님 앞에서 내 모습이 어떻게 바뀌었나요? 예수님이 나를 어떻게 변화시켜 나가고 계신가요?

서로 화목하여 예수님을 찬송하자

골로새서 1장 24절~2장 3절

나는 이제 너희를 위하여 받는 괴로움을 기뻐하고 그리스도의 남은 고난을 그의 몸 된 교회를 위하여 내 육체에 채우노라 내가 교회의 일꾼 된 것은 하나님이 너희를 위하여 내게 주신 직분을 따라 하나님의 말씀을 이루려 함이니라 이 비밀은 만세와 만대로부터 감추어졌던 것인데 이제는 그의 성도들에게 나타났고 하나님이 그들로 하여금 이 비밀의 영광이 이방인 가운데 얼마나 풍성한지를 알게 하려 하심이라 이 비밀은 너희 안에 계신 그리스도시니 곧 영광의 소망이니라 우리가 그를 전파하여 각 사람을 권하고 모든 지혜로 각 사람을 가르침은 각 사람을 그리스도 안에서 완전한 자로 세우려 함이니 이를 위하여 나도 내 속에서 능력으로 역사하시는 이의 역사를 따라 힘을 다하여 수고하노라 내가 너희와 라오디게아에 있는 자들과 무릇 내 육신의 얼굴을 보지 못한 자들을 위하여 얼마나 힘쓰는지를 너희가 알기를 원하노니 이는 그들로 마음에 위안을 받고 사랑 안에서 연합하여 확실한 이해의 모든 풍성함과 하나님의 비밀인 그리스도를 깨닫게 하려 함이니 그 안에는 지혜와 지식의 모든 보화가 감추어져 있느니라

바울은 교회가 사랑으로 연결되고 긴밀하게 연합할 것을 권면했습니다. 그는 교회가 얼마나 적대적이 될 수 있는지를 알았기 때문입니다. 바울은 가정하여 말하지 않았습니다. 그는 개인적인 목회의 경험으로 말하고 있습니다. 그리스도께서 우리로 하여금 서로 화목하게 해 주셨지만, 여

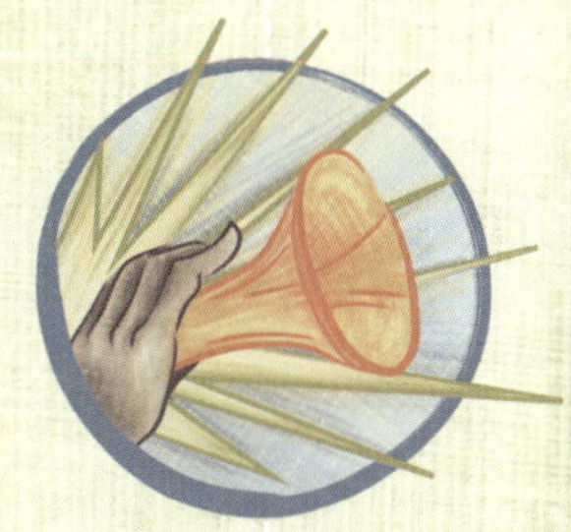

주님의 날

그리스도인은 다가올 주님의 날을 소망한다.

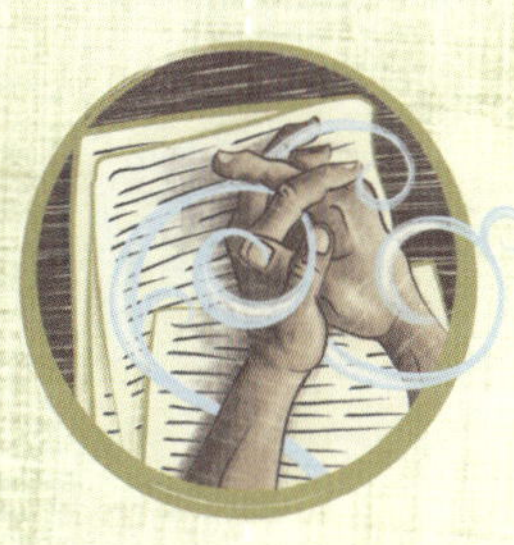

믿음을 수호함

거짓 교사들에 맞서 진리를 지키다.

전히 우리가 해야 할 일이 있습니다. 그리고 그것은 쉽지 않은 일입니다. 다른 사람을 사랑하는 일은 어렵습니다. 다른 사람들이 우리를 사랑하는 일도 어려울 것입니다. 그러나 노력할 만한 가치가 있는 일입니다. 그리스도의 교회가 사랑으로 하나 될수록, 우리는 우리의 가장 귀한 보물이신 그리스도를 더 잘 알게 되고, 그분이 받기에 합당하신 영광을 올려 드리며 살 수 있게 됩니다.

만약 바울이 여러분의 교회 안에서 이루어지는 사랑에 관해 편지를 쓴다면 과연 어떤 말을 해 줄 수 있을까요?

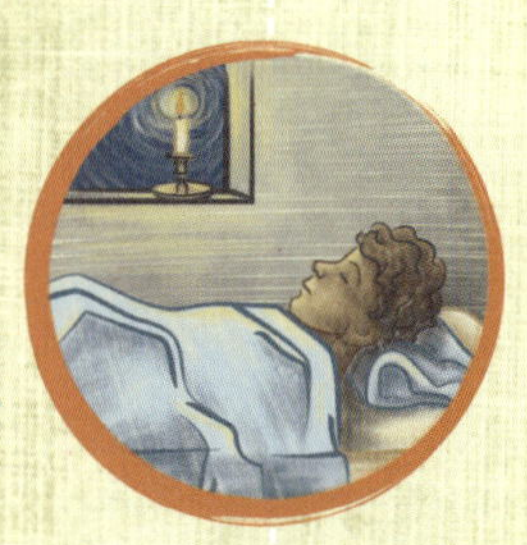

예수님을 기다리다

하나님은 인내와 자비로 오래 참으신다.

요한이 계시를 받다

예수님은 처음과 마지막이시다.

화목 제물이신 그리스도

알짬 교리 **99**

에덴동산에서 첫 번째 남녀가 타락한 이후에 하나님과 인류는 멀어졌습니다. 죄의 결과로 인간은 하나님과의 관계가 소원해졌을 뿐만 아니라 적대적이 되었습니다. 죄는 무한하신 하나님에 대한 무한한 도발입니다. 감사하게도 하나님은 원수를 사랑하셔서 그리스도를 보내 우리와 하나님 사이를 화목하게 하셨습니다. 하나님은 그리스도의 죽음을 통해 깨어진 관계를 회복하고 새롭게 하십니다(롬 6:23; 고후 5:18~19).

그리스도와의 연결

바울은 감옥에서 그리스도의 위엄을 선포함으로써 하나님의 백성들에게 용기를 주었습니다. 그리스도는 하나님의 아들이시요 십자가 사역을 통해 하나님과 우리를 화목하게 하십니다. 그리스도인의 성장과 성숙은 복음을 넘어 다른 성경의 가르침으로 옮겨 감으로써 일어나는 것이 아니라 오직 그리스도께 계속해서 집중함으로써 일어납니다. 그리스도는 성경의 중심이자 교회의 머리이십니다.

하나님이 들려주시는 이야기는 오늘을 사는 나와 늘 연결되어 있습니다. 아래 질문에 답하면서 성경 이야기가 내 이야기와 어떻게 연결되는지 생각해 봅시다.

▶ 그리스도께서 만물을 화목하게 하시리라는 생각이 중요한 이유는 무엇인가요?

▶ 다른 그리스도인들을 향한 우리의 사랑을 볼 때 세상은 어떤 생각을 할까요?

▶ 교회에서 용서를 구하거나 용서함으로써 화목해야 할 사람이 있나요?

▶ 이번 과에서 배운 것 중에 무엇이 가장 인상적이었나요?

하나님의 이야기
하나님이 그분의 아들
예수 그리스도를 통해
우리를 구속해 주신 이야기

우리의 이야기
우리의 이야기가
하나님의 이야기와
만나는 곳

YOUR MISSION

생각

1세기에 바울이 다루었던 것과 같은 이단들은 하룻밤에 생기지 않습니다. 교회는 대개 시대 흐름에 따라 천천히 변화하며 점차 이단에 물들어 갔습니다. 살면서 이단을 만나거나, 어떤 특정한 죄에 빠진 적이 있나요? 그게 죄라는 것을 깨닫기도 전에 죄에 사로잡혀 본 적이 있나요? 이단 세력이 일어나는 방식은 비슷합니다. 온전하고 거룩하신 하나님의 말씀에 자기 자신을 내어 놓지 않을 때, 우리는 복음에서 한 걸음씩 멀어지기 시작합니다.

- 하나님의 말씀에서 벗어난 사람들을 속이는 현대 이단에는 어떤 것들이 있나요?
- 어떻게 하면 잘못된 신학으로부터 자신을 보호할 수 있을까요?

마음

바울은 골로새서 1장 23절에서 어떤 뜻으로 "만일"을 말했을까요? 만일 우리가 믿음의 터에 거한다면 화목할 것이며, 거룩하고 흠 없고 책망할 것이 없는 자가 될 것입니다. 바울이 믿음의 터에 거하는 우리 능력으로 화목하게 된다고 말한 것일까요? 정반대로, 그는 믿음에 거함이란, 즉 뿌리내림이란 우리가 어떻게 구원받았는지를 아는 것이라고 말하고 있습니다. 복음 안에서 변함없이 믿고 소망하는 것은 하나님의 구원 사역이 우리 삶에 나타나는 증거입니다.

- 우리 안에서 하나님의 성령이 역사하시는 또 다른 증거는 무엇인가요?
- 어떻게 하면 복음에 좀 더 뿌리내리고 살아갈 수 있을까요?

행동

그리스도께서 만물을 창조하고 다스리십니다. 심지어 피조물이 타락한 후에도 돌봐 주십니다. 하나님이 어떤 분이신지, 우리가 피조물로서 어떻게 살아야 하는지 알려 주십니다. 그리스도께서는 피조물 위에 뛰어난 분이시며 피조물의 세포 하나하나가 그분의 영광을 위해서 존재합니다. 그분은 우리를 둘러싼 세상에 신경을 쓰십니다. 그러니 우리도 그래야 합니다.

- 그리스도께서 세상을 창조하고 다스리심을 알면 우리 삶의 방식이 어떻게 달라질까요?
- 그리스도께서 만물을 창조하고 다스리심을 알면, 쓰레기 투기나 재활용 분류나 멸종 위기 종 보호 같은 문제들을 어떻게 다루게 될까요?

> **다음 모임까지 사도행전 27~28장; 빌립보서 1~4장을 읽어 보세요.**

06

오네시모는 내 친구, 내 형제야

성경 말씀 빌레몬서 1장 8~22절

포 인 트 하나님은 그리스도의 마음을 본받아 화목하게 하는 자가 되라고 하신다.

등 장 인 물 바울(예수님을 핍박하다가 결국 그분을 따르게 되고 이방인의 사도가 됨)
빌레몬(오네시모를 종으로 부렸던 부자 주인)
오네시모(빌레몬의 종이었으나 죄를 짓고 도망쳐 그리스도인이 됨)

메시지 좌표 빌레몬서는 바울의 다른 서신들과 다릅니다. 짧은 편지이지만, 종살이나 화목이나 그리스도 안에서의 정체성 같은 문제들에 관련된 복음 진리로 가득합니다.

빌레몬과 오네시모

복음은 관계를 회복시킨다.

주님의 날

그리스도인은 다가올 주님의
날을 소망한다.

심장이 복음에 물들어야 달라져

바울이 빌레몬에게 편지를 쓸 당시에는 로마 제국 인구의 3분의 2가 노예였습니다. 많은 사람이 갖가지 이유와 다양한 방법으로 노예가 되었습니다. 파선한 배의 선원이나 사로잡힌 패잔병뿐 아니라, 심지어 전쟁 영웅도 종종 검투사의 경기에 불려 가서 노예가 되었습니다. 그밖에 로마 제국의 누구라도 자발적으로 고용 노예가 될 수 있었습니다. 어떤 사람들은 빚을 갚기 위해서나 돈을 벌기 위해서 노예가 되었는데, 고등교육을 받은 노예들은 흔히 로마인의 가정에서 어린 자녀들을 가르치는 가정교사로 일했습니다.

> **빌레몬서 1장 8~14절**
> 이러므로 내가 그리스도 안에서 아주 담대하게 네게 마땅한 일로 명할 수도 있으나 도리어 사랑으로써 간구하노라 나이가 많은 나 바울은 지금 또 예수 그리스도를 위하여 갇힌 자 되어 갇힌 중에서 낳은 아들 오네시모를 위하여 네게 간구하노라 그가 전에는 네게 무익하였으나 이제는 나와 네게 유익하므로 네게 그를 돌려보내노니 그는 내 심복이라 그를 내게 머물러 있게 하여 내 복음을 위하여 갇힌 중에서 네 대신 나를 섬기게 하고자 하나 다만 네 승낙이 없이는 내가 아무것도 하기를 원하지 아니하노니 이는 너의 선한 일이 억지같이 되지 아니하고 자의로 되게 하려 함이라

바울은 골로새에서 종들의 반란을 준비하려는 것이 아니었습니다. 사실, 로마는 반란을 무력화하는 데 능숙했습니다. 바울은 복음이 심장, 즉 죄의 근원에 도달해야만 혈류를 타고 몸 전체에 퍼질 수 있음을 경험을 통해 알았습니다. 세상의 변화는 바깥에서 안으로 일어나는 것이 아닙니다. 복음은 변화를 안에서 바깥으로 일어나게 합니다. 이러한 '안에서 바깥으로 전략'은 개인, 가족, 교회, 도시, 국가, 문명을 변화시키는 데 훨씬 더 효과적입니다. 바울은 빌레몬이 마음에서부터 오네시모와 화해해야 함을 알았습니다.

세상이나 자신이 변하기를 바라나요? 그 변화를 위해, 바울이 이해한 것처럼 죄의 근원에 복음이 도달하도록 시도했나요?

____

____

____

____

종이 아니라 형제란 걸 알아줘

사도 바울은 우연을 믿지 않았습니다. 그는 섭리를 믿었습니다. 바울은 빌레몬과 오네시모의 껄끄러운 관계와 같은 어려운 상황에서도 하나님의 역사하시는 섭리의 손길을 알아차렸습니다.

> **빌레몬서 1장 15~17절**
> 아마 그가 잠시 떠나게 된 것은 너로 하여금 그를 영원히 두게 함이리니 이후로는 종과 같이 대하지 아니하고 종 이상으로 곧 사랑받는 형제로 둘 자라 내게 특별히 그러하거든 하물며 육신과 주 안에서 상관된 네게랴 그러므로 네가 나를 동역자로 알진대 그를 영접하기를 내게 하듯 하고

우리는 모두 빚진 사람인데

> **빌레몬서 1장 18~22절**
> 그가 만일 네게 불의를 하였거나 네게 빚진 것이 있으면 그것을 내 앞으로 계산하라 나 바울이 친필로 쓰노니 내가 갚으려니와 네가 이 외에 네 자신이 내게 빚진 것은 내가 말하지 아니하노라 오 형제여 나로 주 안에서 너로 말미암아 기쁨을 얻게 하고 내 마음이 그리스도 안에서 평안하게 하라 나는 네가 순종할 것을 확신하므로 네게 썼노니 네가 내가 말한 것보다 더 행할 줄을 아노라 오직 너는 나를 위하여 숙소를 마련하라 너희 기도로 내가 너희에게 나아갈 수 있기를 바라노라

"그가 만일 네게 불의를 하였거나"(18절)라는 말은 미묘합니다. 우리는 오네시모가 빌레몬에게 무엇을 잘못했는지 모릅니다. 아마 자취를 감추거나 탈출하면서 누군가를 해쳤거나 여행 경비를 충당하기 위해서 주인의 돈을 훔쳤을지 모릅니다. 우리는 그 죄를 모르지만, 아마도 바울은 알고 있었을 것입니다. 오네시모는 자기 죄를 분명히 상세하게 자백했을 것입니다. 그러나 그가 무슨 잘못을 저질렀든지 간에 바울은 빌레몬에게 그가 진정으로 잃은 것을 생각하며 이 상황을 받아들여 줄 것을 요청했습니다. 바울이 보여 준 사랑과 은혜를 확장함으로써 그는 무엇을 얻게 될까요? 더 중요하게는 그리스도께서 보여 주신 사랑과 은혜를 확장함으로써 얻는 것은 무엇일까요?

> 어려운 상황을 겪으며 그것을 통해 은혜, 용서, 정체성, 사랑에 관해 배운 적이 있나요?

믿음을 수호함

거짓 교사들에 맞서 진리를 지키다.

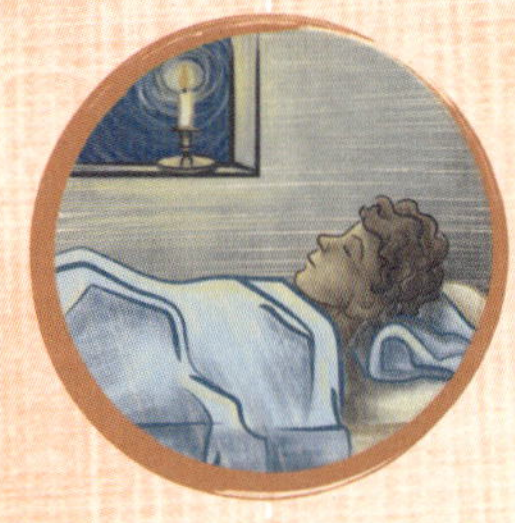

예수님을 기다리다

하나님은 인내와 자비로 오래 참으신다.

가족 관계

하나님은 가정을 인간 사회의 기본 조직으로 정하셨습니다. 가정은 결혼이나 혈연이나 입양으로 맺어진 사람들로 구성됩니다. 결혼이란 한 남자와 한 여자가 평생 유효한 헌신의 계약으로 연합하는 것으로 하나님의 특별한 선물입니다. 결혼은 성경 기준에 부합하는 성적 표현의 통로요 인류 보존을 위한 생식 수단이 됩니다. 남편이나 아내나 둘 다 하나님의 형상대로 창조되었으므로 하나님 앞에서 동등합니다. 부부 관계는 하나님이 자기 백성과 관계 맺으시는 방식을 따라야 합니다. 남편은 그리스도께서 교회를 사랑하시듯 아내를 사랑해야 합니다. 하나님은 그에게 가족을 부양하고 보호하며 인도해야 할 책임을 주셨습니다. 아내는 교회가 그 머리 되신 그리스도께 기꺼이 순종하듯이 남편이 보여 주는 섬김의 리더십에 기쁜 마음으로 순종해야 합니다. 아내는 남편처럼 하나님의 형상대로 지음받았으므로 남편과 동등합니다. 하나님은 아내에게 남편을 존중하고 가정을 꾸려 나가며, 다음 세대를 양육하는 일에 있어 남편의 돕는 자로 섬겨야 할 책임을 주셨습니다(엡 5:22~33; 벧전 3:1~7). 자녀들은 잉태된 순간부터 주님이 주신 기업이자 복입니다. 부모는 자녀에게 하나님의 뜻 안에서 이루어지는 결혼 생활이 어떤 것인지를 보여 주어야 합니다. 그리고 자녀가 성경 진리에 근거한 선택을 할 수 있도록 일관된 삶의 모범과 사랑의 훈육을 통해 영적이고 도덕적인 가치를 가르쳐야 합니다(신 6:4~9). 자녀는 부모를 공경하고 부모에게 순종해야 합니다(엡 6:1~3).

그리스도와의 연결

바울은 도망쳐 나온 종 오네시모를 대신하여 빌레몬에게 호소하며 그들의 깨어진 관계를 중재하고자 했습니다. 그는 화평을 위해 자진해서 오네시모의 빚을 대신 갚겠다고 했습니다. 바울의 행동은 예수 그리스도의 본을 따른 것이었습니다. 그리스도는 하나님과 죄 된 인간 사이에서 화평하게 하시는 분입니다. 예수님은 우리 죗값을 기꺼이 대신 갚아 주심으로써 우리가 서로에게 그리고 하나님과 화목하게 하셨습니다.

요한이 계시를 받다

예수님은 처음과 마지막이시다.

**일곱 교회에
주시는 말씀**

하나님이 그리스도인들에게
칭찬과 책망과 약속을 주시다.

하나님이 들려주시는 이야기는 오늘을 사는 나와 늘 연결되어 있습니다. 아래 질문에 답하면서 성경 이야기가 내 이야기와 어떻게 연결되는지 생각해 봅시다.

▶ 창세기 50장 20절에서 요셉이 형제들에게 한 말을 되새겨 보세요. 요셉이 애굽에서 종 살이한 것과 오네시모가 로마로 도망친 것 사이에 비슷한 점은 무엇인가요?

▶ 하나님이 고된 경험을 통해 그분의 영광과 여러분의 유익을 위해 일하신 적이 있나요?

▶ 하나님의 자녀이자 그리스도의 형제자매라는 정체성을 가진 우리는 어떻게 살아야 할 까요?

▶ 우리를 자주 곤경에 빠뜨리는 것은 무엇을 말하는가가 아니라 어떻게 말하는가의 문제 입니다. 바울은 빌레몬에게 조심스러운 태도로 편지를 썼습니다. 오늘날의 디지털 문화 가 신중하게 말하는 것을 어렵게 한다면 그 이유가 무엇일까요?

하나님의 이야기
하나님이 그분의 아들
예수 그리스도를 통해
우리를 구속해 주신 이야기

우리의 이야기
우리의 이야기가
하나님의 이야기와
만나는 곳

YOUR MISSION

생각

바울은 빌레몬 집의 손님방을 들여다보지 못했습니다. 그가 여행을 떠나기도 전에 로마 제국이 그를 처형했기 때문입니다. 하지만 예수님이 그를 위해 더 좋은 방을 준비해 두셨습니다. 그것은 손님방이 아니었습니다. 예수님은 "가서 너희를 위하여 거처를 예비"(요 14:3)하리라고 약속하신 바 있습니다. 골로새의 호텔이 조식이 포함된 최고급이라도 예수님이 형제자매들을 위해 하늘나라에서 준비해 두신 집과는 비교할 수 없을 것입니다.

- 고단한 삶의 스트레스가 예수님이 예비하신 거처 덕분에 어떻게 덜해지나요?
- 예수님의 약속이 기대되나요? 그렇거나 그렇지 않다면, 그 이유는 무엇인가요?

마음

바울이 빌레몬에게 말한 것처럼, 사랑은 모든 면에서 하나님께 순종하는 동기가 되어야 합니다. 우리는 의무감으로 하나님께 순종하는 함정에 빠지기 쉽습니다. 마땅히 해야 하기에 순종하는 것입니다. 성경에서 하나님은 제안이 아닌 명령을 내리셨습니다. 순종은 의무감에서 나올 수 없습니다. 사랑으로 해야만 합니다. "너희가 나를 사랑하면 나의 계명을 지키리라"(요 14:15). 사랑이 순종을 불러일으키고, 순종이 사랑을 입증합니다. 사랑할수록 순종의 마음이 더해 가는데, 의무감은 어느 시점에서 그 마음을 고갈시킬 것입니다.

- 의무감으로 하는 순종보다 사랑으로 하는 순종이 더 위대한 이유는 무엇인가요?
- 하나님께 마음에서 우러나온 사랑과 헌신을 드리는 대신에 의무감으로 복종하고 있음을 깨달으면 어떻게 해야 할까요?

행동

바울처럼 우리도 서로 죄를 감싸 줄 수 있습니다. 예수 그리스도께서 우리 죗값을 대신 갚아 주셨기 때문입니다. 그리스도께서는 십자가에서 피 흘리심으로써 인류 역사상 가장 큰 거래가 일어날 계산대로 나아가셨고, 죽음으로써 우리 빚을 청산해 주셨습니다. 예수님이 갈보리 언덕에서 우리 죗값이 적힌 계산서를 들어 자유를 사 우리에게 선물로 주신 것입니다. 그러한 은혜를 경험했고, 또 기대하니 다른 이들에게 그 은혜를 값없이 베풀어야 합니다.

- 하나님이 상한 마음을 통해 은혜를 베푸시는 것을 경험한 적이 있나요?
- 선의로 대하기 어려운 일에는 어떤 것이 있나요? 이럴 때는 어떻게 반응해야 할까요?

> 다음 모임까지 골로새서 1~4장; 빌레몬서 1장; 에베소서 1~4장을 읽어 보세요.

만물을 새롭게 하시는 하나님

요한계시록

모든 눈물을 그 눈에서 닦아 주시니 다시는 사망이 없고 애통하는 것이나
곡하는 것이나 아픈 것이 다시 있지 아니하리니 처음 것들이 다 지나갔음이러라
보좌에 앉으신 이가 이르시되 보라 내가 만물을 새롭게 하노라 하시고
또 이르시되 이 말은 신실하고 참되니 기록하라 하시고

07

설레는 기다림!
예수님이 다시 오실 거야

성경 말씀   데살로니가전서 4장 13절~5장 11절

포 인 트   그리스도인은 예수님의 재림을 고대하며 다른 사람들도 그것을 고대하도록 격려해야 한다.

등 장 인 물   바울(예수님을 핍박하다가 결국 그분을 따르게 되고 이방인의 사도가 됨)

메시지 좌표   데살로니가전서 4장에서 바울은 새로운 주제로 관심을 돌립니다. 그것은 예수님의 재림으로 얻는 위안과 그분을 믿는 사람들에게 일어날 미래의 일이 어떤 의미를 갖는가에 관한 것입니다. 그러면서 바울은 그리스도인의 소망과 장차 이루어질 일들과 매일의 삶에서 재림이 갖는 의미에 관해 설명합니다.

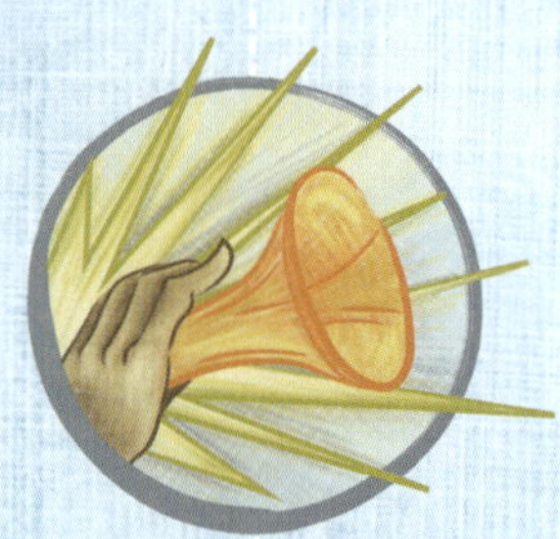

주님의 날

그리스도인은 다가올 주님의
날을 소망한다.

믿음을 수호함

거짓 교사들에 맞서 진리를
지키다.

우리는 죽은 자의 부활을 믿어

데살로니가전서 4장 13~14절
형제들아 자는 자들에 관하여는 너희가 알지 못함을 우리가 원하지 아니하노니 이는 소
망 없는 다른 이와 같이 슬퍼하지 않게 하려 함이라 우리가 예수께서 죽으셨다가 다시
살아나심을 믿을진대 이와 같이 예수 안에서 자는 자들도 하나님이 그와 함께 데리고 오
시리라

사도 바울은 4장 1~12절의 내용을 데살로니가 교인들이 이미 알고 있다
고 두 번이나 말했습니다(살전 4:2, 9). 바울은 그들이 이미 알고 있는 것을
상기시켜 주기 위해 이 편지를 썼습니다. 그런데 13절에서 데살로니가
교회가 몰랐을 법한 주제로 화제를 돌립니다. 바로 그리스도 안에서 죽
은 자들이 부활하리라는 소망입니다.

이것은 바울에게 신학적 문제일 뿐 아니라 매우 실제적 문제이기
도 했습니다. 이미 죽은 신자들에게 무슨 일이 일어나는가에 관한 데살
로니가 교인들의 질문과 염려와 오해는 '어떻게 살아야 하는가'라는 문
제에 영향을 미칠 것이기 때문이었습니다. 죽음에 관한 소망이 없다면,
아무리 신자라 해도 오늘을 어떻게 살아야 하는지를 중요하게 여길까
요? 눈에 보이지 않는 유익을 바라며 거룩하고 순수하게 살면서 세상의
기쁨을 희생할 수 있을까요?

우리는 예수님의 재림을 기다리고 있어

데살로니가전서 4장 15~18절
우리가 주의 말씀으로 너희에게 이것을 말하노니 주께서 강림하실 때까지 우리 살아남
아 있는 자도 자는 자보다 결코 앞서지 못하리라 주께서 호령과 천사장의 소리와 하나님
의 나팔 소리로 친히 하늘로부터 강림하시리니 그리스도 안에서 죽은 자들이 먼저 일어
나고 그 후에 우리 살아남은 자들도 그들과 함께 구름 속으로 끌어 올려 공중에서 주를
영접하게 하시리니 그리하여 우리가 항상 주와 함께 있으리라 그러므로 이러한 말로 서
로 위로하라

바울은 주님이 돌아오실 때 살아 있는 신자들은 죽은 자들과 같은 경험
을 하게 될 것이라고 분명히 전했습니다. 그리스도 안에서 죽은 자들은
살아 있는 자들 없이 예수님을 친히 영접하지는 않을 것입니다. 죽은 자

들이 먼저 일어나고, 살아 있는 자들은 "그들과 함께 구름 속으로 끌어올려 공중에서 주를 영접하게"(17절) 될 것입니다. 그때에 산 자나 죽은 자나 모든 신자들은 그들이 있어야 할 곳에서 예수님과 함께 있을 것입니다.

주님이 다시 오실 때 그리스도 안에서 죽은 자와 산 자가 주님과 함께 있으리라는 바울의 가르침은 어떤 교훈을 주나요?

예수님을 기다리다

하나님은 인내와 자비로
오래 참으신다.

최후의 심판? 우리는 두렵지 않아

데살로니가전서 5장 1~11절

형제들아 때와 시기에 관하여는 너희에게 쓸 것이 없음은 주의 날이 밤에 도둑같이 이를 줄을 너희 자신이 자세히 알기 때문이라 그들이 평안하다, 안전하다 할 그때에 임신한 여자에게 해산의 고통이 이름과 같이 멸망이 갑자기 그들에게 이르리니 결코 피하지 못하리라 형제들아 너희는 어둠에 있지 아니하매 그날이 도둑같이 너희에게 임하지 못하리니 너희는 다 빛의 아들이요 낮의 아들이라 우리가 밤이나 어둠에 속하지 아니하나니 그러므로 우리는 다른 이들과 같이 자지 말고 오직 깨어 정신을 차릴지라 자는 자들은 밤에 자고 취하는 자들은 밤에 취하되 우리는 낮에 속하였으니 정신을 차리고 믿음과 사랑의 호심경을 붙이고 구원의 소망의 투구를 쓰자 하나님이 우리를 세우심은 노하심에 이르게 하심이 아니요 오직 우리 주 예수 그리스도로 말미암아 구원을 받게 하심이라 예수께서 우리를 위하여 죽으사 우리로 하여금 깨어 있든지 자든지 자기와 함께 살게 하려 하셨느니라 그러므로 피차 권면하고 서로 덕을 세우기를 너희가 하는 것같이 하라

요한이 계시를 받다

예수님은 처음과 마지막이시다.

바울은 깨어서 경계하며 정신을 차려야 한다고 전하고 있습니다. 예수님의 재림을 향한 소망이 오늘을 신실하게 살아갈 동기가 됩니다. 예수님은 다시 오셨을 때 우리가 허점을 보이거나 어리석은 모습으로 사는 것을 바라지 않으실 것입니다. 또한 잠에 빠져 있거나 하나님이 주신 사명을 게을리하는 것도 바라지 않으실 것입니다. 그 사명은 믿지 않는 세상이 아직 시간이 있을 때 회개하고 하나님의 은혜와 자비를 경험하도록 그들에게 복음을 나누는 것입니다. 예수님이 언제 재림하실지 모른다고 해서 준비할 수 없는 것은 아닙니다. 그렇기 때문에 오히려 늘 준비되어 있어야 합니다.

천년왕국에 관한 견해들

천년왕국에 대한 성경의 가르침을 이해하는 방법에는 크게 세 가지 견해가 있습니다. '전천년설'(premillennial view)은 그리스도의 재림 직후에, 즉 문자 그대로 그리스도께서 천 년간 이 땅을 통치하실 것이라는 견해입니다. '후천년설'(postmillennial view)은 교회 시대에 천년왕국이 이루어지고, 그 후에 그리스도의 재림이 있을 것이라는 견해입니다. '무천년설'(amillennial view) 은 그리스도께서 지상에서 천 년간 통치하시는 일이 없다고 보며, 그리스도께서 교회 시대를 살아가는 자기 백성의 심령 가운데 통치하심을 상징적으로 나타내는 견해입니다.

일곱 교회에 주시는 말씀

하나님이 그리스도인들에게 칭찬과 책망과 약속을 주시다.

그리스도와의 연결

구약의 선지자들은 주의 날을 줄기차게 선포했습니다. 하나님이 세상을 심판하고, 자기 백성을 구하기 위해 다시 오시는 날이 주의 날입니다. 바울은 장차 예수님이 다시 오셔서 죽은 자 가운데서 자기 백성을 일으키시고, 악한 자들을 심판하실 주의 날에 관해 말합니다. 그리스도인은 그리스도의 재림의 관점으로 살아갑니다.

보좌에 앉으신 이와 어린양

존귀와 영광과 찬송을 받기에 합당하시다.

> 믿는 사람에게는 궁극적 비극이
> 없듯이, 회개하지 않는 불신자에게는
> 궁극적 축복이 없습니다.
> 하나님이 악인들에게 베푸시는 모든 좋은 선물은 비극이 됩니다.
> 그들이 하나님께 영광을 돌리지 않고
> 감사와 경배로 그분의 선하심을 인정하지 않기 때문입니다.
> 하나님이 주신 선물을 멸시하면 할수록 죄책감이 점점 더 커집니다.
> 그러므로 심판 날에 하나님의 인자하신 선물들이 사악한 자에게는 비극이 됩니다.
>
> R. C. 스프로울 R. C. Sproul

하나님이 들려주시는 이야기는 오늘을 사는 나와 늘 연결되어 있습니다. 아래 질문에 답하면서 성경 이야기가 내 이야기와 어떻게 연결되는지 생각해 봅시다.

▶ 어떤 때에 그리스도를 위해 사는 것이 어렵다고 느꼈나요? 그 어려움이 부활의 소망으로 인해 다르게 느껴진 적이 있나요?

▶ 누군가를 잃은 사람을 위로해 본 적이 있나요? 혹은 위로를 받아 봤나요?

▶ 어떻게 하면 누군가를 잃은 불신자에게 무신경하지 않으면서 거짓 희망을 주지 않고, 그들을 돌볼 수 있을까요?

▶ 그리스도의 재림이라는 관점에서, 어떻게 하면 하나님이 우리에게 주신 시간이나 소유와 같은 자원을 더 잘 관리할 수 있을까요?

하나님의 이야기
하나님이 그분의 아들
예수 그리스도를 통해
우리를 구속해 주신 이야기

우리의 이야기
우리의 이야기가
하나님의 이야기와
만니는 곳

YOUR MISSION

생각

그리스도인은 소망을 통해 세상을 더 잘 보고 이해할 수 있는 신앙의 안목을 갖습니다. 세상은 죄와 타락과 죽음과 고통으로 신음하고 있다는 안목으로, 우리는 경험 그 이상을, 더 나아가 믿지 않는 자들은 볼 수 없는 세상을 고대합니다. 우리가 고대하는 세상은 그리스도의 재림으로 주님이 영광 가운데 다스리시고, 만물이 새롭게 된 세상입니다. 이러한 미래를 바라봄으로써 견실하며 흔들리지 않을 힘을 얻습니다. 그리스도께서 우리를 위해 다시 오실 것입니다. 이것이 바로 삶의 역경을 헤쳐 나갈 때, 우리가 꼭 붙들어야 할 소망입니다.

- 친구들에게 그리스도인의 소망에 어떤 능력이 있는지를 어떻게 설명해 줄 수 있나요?
- 예수님의 재림을 소망하는 것은 상황을 바라보는 방식에 어떤 변화를 줄까요?

마음

현재 교회는 바울이 에베소서 5장 27절에서 말했듯이 티나 주름 잡힌 것이나 흠이 있지만, 성화 과정에 있습니다. 그러나 그리스도께서 다시 오시면, 교회는 영화롭게 변화할 것입니다. '아직'은 마침내 '이미'로 바뀔 것입니다. 어린양의 혼인 잔치에서 그리스도의 신부인 교회는 온전함을 나타내는 흰옷을 입을 것입니다.

- 사탄과 죄와 죽음에 닥칠 심판으로 인해 우리는 날마다 그리스도를 위해 신실하게 살아가야 합니다. 어떻게 살아야 할까요?
- 하나님이 당신을 그리스도의 신부로서 정결하게 해 주시는 것을 경험한 적이 있나요?

행동

바울은 주님이 다시 오실 것이니 교회가 소망을 지켜야 하고 굳건히 의롭게 살아야 한다고 권면했습니다. 그러면서 18절에서 한 가지를 덧붙였습니다. 그가 예수님의 재림에 대해 전하며 데살로니가 성도들을 격려해 주었듯이, 그들도 똑같이 서로 격려해야 한다는 것입니다. 바울이 그들에게 품었던 사랑과 관심이 그들 사이에서도 표현되어야 한다는 것입니다. 우리는 그리스도께 사랑받고 있으므로 그분을 사랑하고 서로 사랑해야 합니다. 우리의 소망을 행위로 표현한 것이 바로 사랑입니다.

- 예수님이 다시 오신다는 사실은 예수님과 다른 사람을 더 깊이 사랑하는 데에 어떤 영향을 주나요?
- 예수님의 재림 소식은 믿는 자들에게는 좋은 소식이지만, 믿지 않는 자들에게는 두려운 소식일 것입니다. 여러분은 예수님을 믿는 자로서 전도에 관한 이해와 실천에 어떤 영향을 받았나요?

> **다음 모임까지 에베소서 5~6장;
> 디도서 1~3장; 디모데전서 1~6장을 읽어 보세요.**

거짓 가르침?
아웃!

성경 말씀   유다서 1장 3~4절; 17~25절

포 인 트   하나님은 거짓 가르침에 맞서 믿음을 지키라고 하신다.

등 장 인 물   유다(예수님의 형제, 유다서의 저자)

메시지 좌표   성도들에게 전해져 온 믿음을 지키는 것은 모든 그리스도인에게 내려진
명령입니다. 모든 세대마다 교회에는 해를 입히려고 외부에서 들어온 회
의론자들이나 냉소주의자들이 있어 왔습니다. 그뿐 아니라 교회 내부에
도 한때 고백했던 믿음을 버리고 결국 교회에 분열을 일으키고 나가 버리
는 이들이 있어 왔습니다. 믿음을 지키는 사명은 새로운 것이 아닙니다.
유다서는 어떻게 하면 이 문제를 잘 다룰 수 있는지 우리에게 통찰력을
줄 것입니다.

믿음을 수호함

거짓 교사들에 맞서 진리를
지키다.

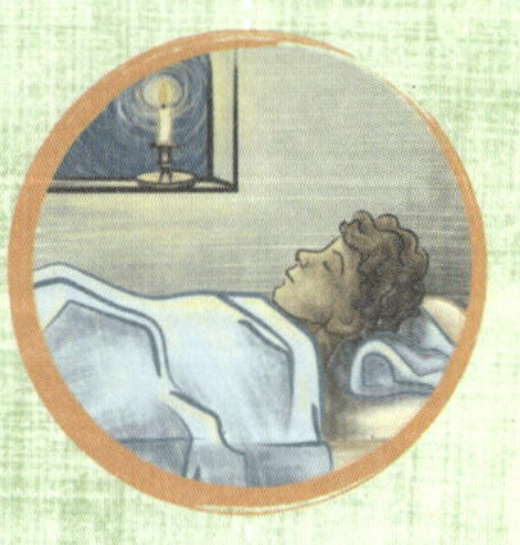

예수님을 기다리다

하나님은 인내와 자비로
오래 참으신다.

교회의 믿음은 내가 지킬 거야

유다서 1장 3~4절
사랑하는 자들아 우리가 일반으로 받은 구원에 관하여 내가 너희에게 편지하려는 생각이 간절하던 차에 성도에게 단번에 주신 믿음의 도를 위하여 힘써 싸우라는 편지로 너희를 권하여야 할 필요를 느꼈노니 이는 가만히 들어온 사람 몇이 있음이라 그들은 옛적부터 이 판결을 받기로 미리 기록된 자니 경건하지 아니하여 우리 하나님의 은혜를 도리어 방탕한 것으로 바꾸고 홀로 하나이신 주재 곧 우리 주 예수 그리스도를 부인하는 자니라

원래 유다는 구원에 관해 쓰고자 했습니다. 구원은 예수 그리스도를 믿는 모든 사람이 받는 것입니다. 우리에게는 오직 하나의 복음이 있을 뿐입니다. 예수 그리스도를 통해 하나님이 주신 은혜로 구원받는 유일한 길입니다. 유다는 중요한 문제를 말하기 전에 복음에 대해 간략하게 언급했습니다. 구원을 제대로 이해하는 것은 이후 뒤따르는 문제를 해결하는 데 중요하기 때문입니다. 복음이야말로 교회의 기초이자 모든 믿는 사람을 하나로 연합하는 것입니다. 유대인이나 이방인, 노예나 자유인, 남자나 여자, 부자나 가난한 자, 나아가 미국인, 아프리카인, 유럽인, 이탈리아인, 아시아인 그리고 어떤 인종이나 민족이라도, 복음은 서로 하나 되게 합니다.

이것이 바로 유다의 편지를 받는 사람을 포함하여 모든 성도에게 전해진 복음입니다. 그러나 복음이 거짓 교사들에게 위협받았습니다. 그래서 유다는 복음에 관해 더 많이 쓰는 대신에, 귀중한 보물인 복음이 이미 그들에게 맡겨졌고 그들의 보호가 필요하다는 사실을 상기시켰습니다. 이제 믿음을 위해 싸울 때가 된 것입니다.

오늘날 세상에서 가르치는 것 가운데 복음과 분명하게 반대되는 것은 무엇인가요? 어떻게 하면 그것에 대해 진리와 사랑으로 답할 수 있을까요?

---

     08 거짓 가르침? 아웃!

교회의 연합은 우리가 지킬 거야

다시 한 번, 유다는 교회가 거짓 교사들이 침투하리라는 것을 이미 알고 있었다는 사실을 상기시킵니다. '사도들이 미리 한 말을 기억하라'라고 청한 것입니다. 정확히 그가 무엇을 염두에 두고 한 말인지는 확신할 수 없지만, 신약에서 거짓 교사들에 대해 경고하는 몇몇 구절을 살펴볼 수 있습니다.

다음 구절들을 참고하여, 거짓 교사들이 어떻게 묘사되었는지에 관해 토론해 보십시오.

- 사도행전 20:28~30
- 디모데전서 4:1~5
- 베드로후서 2:1~3; 3:14~18
- 요한일서 4:1~6

____

____

____

____

____

요한이 계시를 받다

예수님은 처음과 마지막이시다.

일곱 교회에 주시는 말씀

하나님이 그리스도인들에게 칭찬과 책망과 약속을 주시다.

나에겐 네가, 너에겐 내가 있잖아! 서로 힘내자

유다서 1장 20~25절

사랑하는 자들아 너희는 너희의 지극히 거룩한 믿음 위에 자신을 세우며 성령으로 기도하며 하나님의 사랑 안에서 자신을 지키며 영생에 이르도록 우리 주 예수 그리스도의 긍휼을 기다리라 어떤 의심하는 자들을 긍휼히 여기라 또 어떤 자를 불에서 끌어내어 구원하라 또 어떤 자를 그 육체로 더럽힌 옷까지도 미워하되 두려움으로 긍휼히 여기라 능히 너희를 보호하사 거침이 없게 하시고 너희로 그 영광 앞에 흠이 없이 기쁨으로 서게 하실 이 곧 우리 구주 홀로 하나이신 하나님께 우리 주 예수 그리스도로 말미암아 영광과 위엄과 권력과 권세가 영원 전부터 이제와 영원토록 있을지어다 아멘

교회가 그들 가운데 있는 거짓 교사를 분별하고, 믿음을 위해 싸우려면, 교회는 믿음에 대하여 바로 알아야 합니다. 우리는 모르는 것을 옹호할 수 없습니다. 그렇다면 교회는 믿음을 지키는 데 머물 것이 아니라 믿음 안에서 성장하며 공격하는 태도를 취해야 합니다.

지극히 거룩한 믿음으로 자신을 세우는 것은 어려운 일 같습니다. 그러나 그 일을 하는 것은 우리가 아니라 우리의 믿음입니다. 삶을 세우는 토대로 믿음을 생각할 수 있습니다. 하나님이 믿음을 키워 주시면, 삶에서 그 성장이 보일 것입니다. 우리는 주님을 더욱 신뢰할 것이고, 더욱 사랑하게 될 것입니다. 나아가 주님을 더욱 섬기게 될 것입니다.

하나님께 저항하는 세상

알짬 교리 99

성경에서 '세상'이라는 말이 물리적 행성으로서의 지구나 온 인류 이상의 의미로 쓰일 때가 있습니다. 하지만 대부분의 경우, 이 말은 하나님과 그분의 나라에 정면으로 도전하는 왕성한 악의 영적 세력을 가리킵니다. 악한 세상 권세는 사탄의 지배하에 움직이며(엡 2:2; 요 14:30), 그 성품대로 자기중심성과 기만을 그대로 보여 줍니다. 그리스도인은 하나님의 아들을 믿는 믿음으로 영적으로 악한 세상을 이겨 내도록 부름받았습니다(요일 5:4~5).

그리스도와의 연결

유다는 초대교회 성도들에게 거짓 교리를 가르치고, 나쁜 행위에 물들게 함으로써 분열을 일으키는 사람들에 관해 경고했습니다. 예수님은 우리를 보호하사 거침이 없게 하시고, 우리로 하여금 영광스러운 하나님의 임하심 앞에 흠 없이 기쁨으로 서게 하십니다.

하나님이 들려주시는 이야기는 오늘을 사는 나와 늘 연결되어 있습니다. 아래 질문에 답하면서 성경 이야기가 내 이야기와 어떻게 연결되는지 생각해 봅시다.

▶ 오늘날 복음을 위협하는 것에는 어떤 것이 있나요?

▶ 복음을 선포하면서도 그에 따라 살지 않거나 복음에 따라 살면서도 선포하지 않을 때, 어떤 위험이 따를까요?

▶ 어떻게 하면 오늘날 그릇된 가르침으로부터 자신을 보호할 수 있을까요?

▶ 오늘날 교회는 성도의 잘못된 믿음을 어떤 식으로 다루어야 할까요?

하나님의 이야기
하나님이 그분의 아들
예수 그리스도를 통해
우리를 구속해 주신 이야기

우리의 이야기
우리의 이야기가
하나님의 이야기와
만나는 곳

YOUR MISSION

생각

유다는 거짓 교사들이 하나님의 은혜를 성적으로 방탕할 기회로 삼았다고 말합니다(4절). 그들은 의도적으로 부끄러운 방식으로 살고, 하나님의 은혜 아래 있다고 주장하면서 자신들의 행위를 변호했습니다. 하나님의 은혜는 모든 죄를 덮지만, 그렇다고 죄를 지어도 되는 것은 아닙니다(롬 6:15~16). 이것은 심지어 오늘날에도 사람들이 부도덕한 삶을 정당화하기 위해 성경의 가르침을 자신들 마음대로 조작한다는 사실을 보여 줍니다.

- 죄를 짓는 행동과 잘못된 교리 사이에는 어떤 관계가 있을까요? 하나가 다른 하나를 이끌기도 할까요?
- 올바른 교리로 잘못된 결정을 내릴 수 있을까요? 왜 올바른 교리만으로는 부족할까요?

마음

이번 과는 특정인에 관해 어떤 생각과 느낌을 가져야 하는지에 관해 도전합니다. 예를 들어, 거짓 가르침으로 교회를 분열시키려는 자, 복음이 아닌 것을 위해 신앙을 버리는 옛 신자를 어떻게 대해야 하는지에 관해서 말입니다. 또한 믿음이 흔들리거나 의심하는 자들에게 자비를 베풀되 어떤 감정을 가져야 하는지에 관해 도전합니다. 이러한 감정이 방어적이냐 수비적이냐 또는 사랑과 긍휼에서 기인했느냐와 상관없이, 복음은 행동 방식뿐 아니라 느끼는 방식에도 영향을 미친다는 사실이 중요합니다.

- 아끼는 사람이 죄에 빠진 것을 본다면, 어떤 느낌이 들까요?
- 믿음을 옹호하는 일에 열정을 갖는 것이 중요한 이유는 무엇인가요? 만약 믿음에 관해 열정이 없다면 다른 사람과 무엇으로 소통하고 싶나요?

행동

복음은 여러 면에서 정반대에 있는 사람들로 하여금 한 가족의 구성원으로 합류하게 합니다. 그러나 복음을 없애거나 그 순수성을 더럽히면, 이 연합은 무너집니다. 이렇게 다양한 사람들의 연합은 복음 외에는 다른 어떤 것으로도 지지될 수 없습니다. 교회의 연합이 깨어지면, 세상을 향한 증언도 약화됩니다.

- 우리 교회나 중고등부가 연합하는 것에 대해 외부에서는 어떻게 볼까요?
- 복음을 중심으로 더 잘 연합하기 위해서 어떤 일들을 할 수 있을까요?

> **다음 모임까지 베드로전서 1~5장; 히브리서 1~4장을 읽어 보세요.**

09

예수님이 왜 늦게 오시는지 알아?

성경 말씀	베드로후서 3장 1~13절
포 인 트	하나님은 오래 참으사 아무도 멸망하지 않고 모든 사람이 회개하기를 원하신다.
등 장 인 물	베드로(안드레의 형제, 어부 출신의 사도, 초대교회의 핵심 지도자)
메시지 좌표	베드로후서는 유다서와 마찬가지로 거짓 교사들과 살고 있는 믿는 자들을 격려하는 편지입니다. 거짓 교사들은 성도들이 복음에서 멀어지게 했고 그들을 혼란에 빠뜨렸습니다. 그래서 베드로는 인내하며 신실하게 살아가라고 격려하기 위해 성도들에게 이 편지를 썼습니다.

선지자와 사도들의 말을 기억해 봐

예수님을 기다리다

하나님은 인내와 자비로
오래 참으신다.

요한이 계시를 받다

예수님은 처음과 마지막이시다.

베드로후서 3장 1~7절

사랑하는 자들아 내가 이제 이 둘째 편지를 너희에게 쓰노니 이 두 편지로 너희의 진실한 마음을 일깨워 생각나게 하여 곧 거룩한 선지자들이 예언한 말씀과 주 되신 구주께서 너희의 사도들로 말미암아 명하신 것을 기억하게 하려 하노라 먼저 이것을 알지니 말세에 조롱하는 자들이 와서 자기의 정욕을 따라 행하며 조롱하여 이르되 주께서 강림하신다는 약속이 어디 있느냐 조상들이 잔 후로부터 만물이 처음 창조될 때와 같이 그냥 있다 하니 이는 하늘이 옛적부터 있는 것과 땅이 물에서 나와 물로 성립된 것도 하나님의 말씀으로 된 것을 그들이 일부러 잊으려 함이로다 이로 말미암아 그때에 세상은 물이 넘침으로 멸망하였으되 이제 하늘과 땅은 그 동일한 말씀으로 불사르기 위하여 보호하신 바 되어 경건하지 아니한 사람들의 심판과 멸망의 날까지 보존하여 두신 것이니라

베드로는 말세에 조롱하는 자들이 교회에 들어오리라고 했던 것을 상기하며, 그리스도의 말씀과 명령을 기억하는 것이 왜 그렇게 중요한지 들려줍니다. 조롱은 다른 사람들을 하찮게 여기며 하는 행위인데, 여기서는 그리스도의 재림을 기다리는 교회가 조롱당하고 있습니다(3절). 교회가 고난당하는 것은 믿음 때문입니다. 성도들은 집에서 쫓겨나고 재산을 몰수당하기도 합니다. 조롱하는 자들이 피 냄새를 맡은 상어처럼 물속을 휘젓고 다닙니다. "예수가 어디에 있지? 그가 돌아온다고 약속하지 않았던가? 그를 위해 네가 겪고 있는 꼴을 좀 봐! 처음부터 지금까지 달라진 것은 하나도 없어. 예수도 별수 없다니까!"

조롱하는 자들이 대체 무슨 말을 하는 것일까요? 베드로가 4절에서 설명합니다. 그들은 재림이 늦어지는 것을 예수님이 안 오신다는 증거로 삼았습니다. 그들의 논리는 이렇습니다. "우리 조상들이 죽은 이래로 너희 주님이 돌아온다고 계속 약속해 오지 않았던가? 그들에 따르면, 교회는 주님이 곧 오신다고 말해 온 사람들의 긴 줄에 선 또 하나의 목소리에 불과해. 아직도 그런 일은 일어나지 않고 있으니 말이야."

베드로는 분명히 책망했습니다. 하나님은 약속을 지키시는 분이라는 것입니다. 주님은 자기 백성을 지키고 보호하겠다는 약속을 지키실 것입니다. 대적하는 자들을 심판하겠다는 약속 또한 지키실 것입니다. 노아 시대에는 물로 심판하셨으나 언젠가는 불로 심판하실 것입니다. 그것이 오늘이 됐든 내일이 됐든 혹은 먼 미래가 되더라도 말입니다.

하나님의 때를 기다려야지

베드로후서 3장 8~9절
사랑하는 자들아 주께는 하루가 천 년 같고 천 년이 하루 같다는 이 한 가지를 잊지 말라 주의 약속은 어떤 이들이 더디다고 생각하는 것같이 더딘 것이 아니라 오직 주께서는 너희를 대하여 오래 참으사 아무도 멸망하지 아니하고 다 회개하기에 이르기를 원하시느니라

주님이 재림을 약속하신 지 2천여 년이 지났습니다. 아직 이 땅에 오시지 않았지만, 오실 것입니다. 하나님은 신실하신 분이기 때문입니다. 주님이 약속하신 모든 것은 이루어졌거나 이루어질 것입니다. 바울은 디도서에서 하나님은 거짓이 없으시다고 말했습니다(딛 1:2). 하나님이 행하시는 일을 알지 못하고, 하나님의 때를 알지 못해서 고생스럽더라도 우리는 하나님을 온전히 신뢰할 수 있습니다.

우리는 베드로가 교회에 전한 메시지를 마음에 새겨야 합니다. 또한 하나님의 셈법이 우리 셈법과 다르다는 것을 기억하고, 하나님이 우리에게 주신 자원들로 주님을 신뢰하며, 내 때가 아닌 하나님의 때에 맞춰 인내하며 신실하게 살아가야 합니다.

성경이나 자신의 삶에서 하나님이 예기치 못한 방식으로 또는 완벽한 타이밍에 역사하시는 것을 본 적이 있나요?

일곱 교회에 주시는 말씀

하나님이 그리스도인들에게 칭찬과 책망과 약속을 주시다.

내일이라도 당장 오실 수 있어

베드로후서 3장 10~13절
그러나 주의 날이 도둑같이 오리니 그날에는 하늘이 큰 소리로 떠나가고 물질이 뜨거운 불에 풀어지고 땅과 그중에 있는 모든 일이 드러나리로다 이 모든 것이 이렇게 풀어지리니 너희가 어떠한 사람이 되어야 마땅하냐 거룩한 행실과 경건함으로 하나님의 날이 임하기를 바라보고 간절히 사모하라 그날에 하늘이 불에 타서 풀어지고 물질이 뜨거운 불에 녹아지려니와 우리는 그의 약속대로 의가 있는 곳인 새 하늘과 새 땅을 바라보도다

보좌에 앉으신 이와 어린양

존귀와 영광과 찬송을 받기에 합당하시다.

베드로는 예수님이 다시 오시면 지금의 하늘과 땅은 사라지게 될 테니 교회는 그에 맞추어 살아야 한다고 경고합니다. 11절에서 그는 지금의 하

늘과 땅이 사라지게 되리라는 생각을 기반으로 '그 이후'를 전제하여 이렇게 말합니다. "방금 말한 것이 사실이라면, 당신은 특정한 방식으로 살아야 할 것입니다."

　　베드로가 전제한 말 혹은 동기("이 모든 것이 이렇게 풀어지리니")는, 예수님이 다시 오시면 세상이라는 죄 많고 불경건한 체제가 심판받으리라는 사실을 뜻하는 말입니다. 타락으로 말미암아 죄와 흠으로 가득한 세상을 다가올 심판이 쓸어버릴 것입니다. 이것을 안다면, 하나님의 백성은 베드로의 말 혹은 동기에 전제되어 있는 '그때'를 거룩하고 경건하게 살아야 합니다. 우리는 세상과 구별된 사람으로서 거룩하게 살아야 합니다. 세상 속에 살지만, 세상에 속하지는 말아야 합니다. 그리고 죄와 죽음의 악취로 가득 찬 세상에서 그리스도의 향기가 되어 경건하게 살아야 합니다. 왜냐하면 우리는 이 세상에 속하지 않았기 때문입니다. 그리스도께서 다시 오셔서 만물이 새롭게 될 때, 새로운 세상이 임할 것입니다. 우리는 그 세상에 속했습니다. 그때가 되면 마침내 본향에 들게 될 것입니다. 그러나 지금은 장차 들어갈 본향의 대사로서 살아야 합니다.

다시 오실 예수님

예수님이 다시 오시면 만물이 새롭게 될 것이다.

> **재림**　　　　　알짬 교리 **99**
>
> 성경은 장차 그리스도께서 육신의 형체로 재림하실 것이라고 분명하게 말합니다(마 24~25장). 모든 그리스도인은 곧 다시 오실 그리스도를 소망합니다. 그리스도께서 다시 오시면, 만물이 새롭게 될 것을 알기 때문입니다. 많은 사람이 그리스도의 재림이 언제 이루어질지 그 시기를 추측해 왔지만, 성경은 그때를 알려 주지 않습니다. 다만 예기치 않은 때에(마 25:8~10) 영광스러운 모습으로(마 24:30) 오실 것이라고 확언할 뿐입니다.

그리스도와의 연결

초대교회 시절에 어떤 이들이 예수님의 재림을 믿는 그리스도인들을 조롱할 때, 사도 베드로는 하나님의 시간표가 인간의 시간표와 다르다고 설명해 주었습니다. 하나님은 오래 참으시어 사람들에게 믿음으로 주님께 돌아올 시간을 주십니다. 그러나 예수님이 다시 오실 것이며 심판날이 임할 것입니다. 하지만 예수님이 다시 오심으로 새 하늘과 새 땅이 이루어질 것입니다.

하나님이 들려주시는 이야기는 오늘을 사는 나와 늘 연결되어 있습니다. 아래 질문에 답하면서 성경 이야기가 내 이야기와 어떻게 연결되는지 생각해 봅시다.

▶ 그리스도의 재림에 대한 생각은 하루하루 살아가는 삶에 대한 우리의 태도에 어떤 변화를 줄까요?

▶ 어떻게 하면 그리스도의 재림을 준비할 수 있고, 하루하루를 주님이 오실 날로 여길 수 있을까요?

▶ 어떻게 하면 다른 사람들에게 이상하게 보이지 않으면서도 매력적으로 세상 문화에 대항하며 살 수 있을까요?

▶ 성경에 사용된 '이후', '그때'라는 용어들을 통해, 하나님께 순종하는 이유와 하나님의 바람을 어떻게 이해하게 되었나요?

하나님의 이야기
하나님이 그분의 아들
예수 그리스도를 통해
우리를 구속해 주신 이야기

우리의 이야기
우리의 이야기가
하나님의 이야기와
만나는 곳

YOUR MISSION

생각

베드로는 "생각나게 하여"(3:1)라고 말할 때 그리스어 '아남네시스'를 사용했습니다. 이 단어의 어원은 기억상실, 건망증처럼 기억의 일부 또는 전부를 잊는 것을 말하는 '암네시아'입니다. 즉 베드로는 망각하지 않는 것을 말했습니다. 베드로는 주님이 다른 사람들에게 "내가 너희에게 분부한 모든 것을 가르쳐 지키게 하라"(마 28:20)라고 하신 지상명령에 이와 같은 모습으로 순종했습니다. 이것은 바로 우리가 받은 부르심이기도 합니다.

- 성경의 명령과 약속을 잘 기억하나요? 자꾸 잊게 되는 명령과 약속은 무엇인가요? 그것을 잘 기억하기 위해 어떻게 하고 있나요?
- 여러분의 일생 동안 하나님의 사역을 나눌 사람과 함께하는 것이 왜 유익할까요? 그것은 기억하는 행동이 될 수 있을까요?

마음

반드시 올 것을 알고 기다린다 해도, 인내하는 일은 정말 어렵습니다. 오늘날처럼 급변하는 사회에서 우리는 저울질하는 것에 익숙합니다. 그러다 보니 기다리는 것이 더욱 어렵습니다. 그러나 이미 살펴봤듯이, 하나님은 인내하며 주님을 기다리라고 하십니다. 하나님의 완벽한 타이밍에 구원의 목적이 있음을 알고 우리에게 주신 약속이 이루어지기를 기다리라는 말씀입니다. 그렇다고 해도, 그저 기다리는 것이 우리의 목표는 아닙니다. 그 대신, 기다리면서 시간을 최대한 활용해야 합니다. 기다리는 동안에 주님의 목적에 따라 하나님의 사역에 동참해야 합니다.

- 만약 이틀 후에 그리스도의 재림이 일어난다면, 남은 시간 동안 주위의 믿지 않는 사람들을 위해 무엇을 하고 싶나요?
- 예수님이 재림하신다는 사실을 알게 되면, 어려운 일에 관한 생각이 어떻게 바뀔까요?

행동

우리는 하나님의 사랑과 은혜를 받았으니 예수님의 재림 없이 일어나는 매일을 하나님의 실패로 볼 게 아니라 하나님이 주시는 기회로 여겨야 합니다. 그것은 아직 회개할 시간이 있는 사람들에게 서둘러 복음을 전하는 사명을 다하는 기회입니다.

- 구원받거나 제자 되는 과정에서 하나님이 오래 참아 주신 적이 있나요?
- 하나님이 사람들의 회개와 결단을 기다리며 오래 참으시는 것을 깨닫고 있나요? 그로 인해 복음을 다른 사람들에게 적극적으로 전하고 있나요?

> **다음 모임까지 히브리서 5~13장을 읽어 보세요.**

10

요한이 받은 계시를 들려줄게

성경 말씀	요한계시록 1장 9~20절
포 인 트	예수님의 임하심과 능력은 오늘을 사는 그리스도인에게 소망을 준다.
등 장 인 물	요한(야고보의 형제, 예수님의 열두 제자 가운데 한 명, 요한복음과 요한 일이삼서와 요한계시록의 저자)
메시지 좌표	성경 이야기를 따라온 우리 여정도 끝이 다가오고 있습니다. 이번 과에서는 성경의 마지막 책인 요한계시록을 살펴볼 것입니다. 사람들은 이 책에 묘사된 미래에 관한 그림과 상징에 매료되어 요한계시록을 좋아합니다. 요한계시록은 전체적으로 대단히 흥미롭지만, 가장 중요한 것은 이 모든 것이 보좌에 앉으신 예수 그리스도 한 분께 집중되어 있다는 사실입니다.

요한이 계시를 받다

예수님은 처음과 마지막이시다.

**일곱 교회에
주시는 말씀**

하나님이 그리스도인들에게
칭찬과 책망과 약속을 주시다.

예수님이 어떤 분인지 알아?

요한계시록 1장 9~16절

나 요한은 너희 형제요 예수의 환난과 나라와 참음에 동참하는 자라 하나님의 말씀과 예수를 증언하였음으로 말미암아 밧모라 하는 섬에 있었더니 주의 날에 내가 성령에 감동되어 내 뒤에서 나는 나팔 소리 같은 큰 음성을 들으니 이르되 네가 보는 것을 두루마리에 써서 에베소, 서머나, 버가모, 두아디라, 사데, 빌라델비아, 라오디게아 등 일곱 교회에 보내라 하시기로 몸을 돌이켜 나에게 말한 음성을 알아보려고 돌이킬 때에 일곱 금 촛대를 보았는데 촛대 사이에 인자 같은 이가 발에 끌리는 옷을 입고 가슴에 금띠를 띠고 그의 머리와 털의 희기가 흰 양털 같고 눈 같으며 그의 눈은 불꽃같고 그의 발은 풀무 불에 단련한 빛난 주석 같고 그의 음성은 많은 물소리와 같으며 그의 오른손에 일곱 별이 있고 그의 입에서 좌우에 날 선 검이 나오고 그 얼굴은 해가 힘 있게 비치는 것 같더라

본문이 묘사하는 것은 예수님이 요한에게 메시지를 주시는 장면입니다. 요한은 예수님께 받은 이 메시지를 편지로 써서 소아시아, 즉 지금의 터키 지역에 있는 일곱 개의 교회에 보내야 했습니다. 본문에서 중요한 사실은, 예수님은 하나님 아버지의 말씀을 단지 전달만 하는 배달원이기만 하신 것이 아니라는 것입니다. 예수님은 메시지를 전하기만 하신 분이 아니라, 메시지가 되어 주신 분입니다. 하나님의 이름과 연결하여 묘사된 것처럼(1:4), 예수님은 메시아이자 오실 그분입니다(1:7). 이것이 담고 있는 의미는 매우 중요한 것입니다. 예수님은 육신이 되신 하나님이시고, 하나님 아버지처럼 주권자이시며, 영광을 받으실 분입니다.

예수님의 능력을 알아?

요한계시록 1장 17~20절

내가 볼 때에 그의 발 앞에 엎드러져 죽은 자 같이 되매 그가 오른손을 내게 얹고 이르시되 두려워하지 말라 나는 처음이요 마지막이니 곧 살아 있는 자라 내가 전에 죽었었노라 볼지어다 이제 세세토록 살아 있어 사망과 음부의 열쇠를 가졌노니 그러므로 네가 본 것과 지금 있는 일과 장차 될 일을 기록하라 네가 본 것은 내 오른손의 일곱 별의 비밀과 또 일곱 금 촛대라 일곱 별은 일곱 교회의 사자요 일곱 촛대는 일곱 교회니라

우리는 본문 17~18절을 통해, 요한계시록에 나타난 예수님의 능력에 관하여 세 가지 핵심 사항을 살펴볼 것입니다. 요한은 예수님의 영광을 접하고 그 발아래 엎드러졌습니다. 그는 모세가 시내산에서 하나님을 만

낮을 때처럼(출 34장), 이사야가 하나님의 보좌 앞에 나아갔을 때처럼 (사 6:5), 하나님의 영광 앞에서 죽은 자같이 되었습니다.

예수님은 시간을 다스리는 능력이 있습니다. 예수님은 "나는 처음이요 마지막"(계 1:17)이라고 말씀하심으로써 자신이 시간을 다스리시는 분임을 선언하셨습니다. 22장 13절에서도 예수님은 자신을 "알파와 오메가"라고 밝히시는데, 본질적으로 같은 주장을 하신 것입니다. 알파는 그리스 알파벳의 첫 글자이고, 오메가가 마지막 글자입니다. 예수님은 시간이 시작되기 전부터 영원토록 존재해 오셨기에 '처음'이십니다. 예수님은 시간도 피조물 가운데 하나로 창조하셨습니다(요 1:1~3; 골 1:15~17). 예수님은 종말이 오고 시간이 더 이상 존재하지 않을지라도 항상 존재하실 것이므로 '마지막'이십니다. 시간을 다스리는 능력이 있는 분이시기 때문에, 예수님은 역사에 구속되지 않으시며 오히려 역사를 주관하십니다.

**보좌에 앉으신 이와
어린양**

존귀와 영광과 찬송을
받기에 합당하시다.

> 예수님이 시간을 주관하신다는 사실이 오늘날 우리에게 소망과 위로가 되는 이유는 무엇일까요?

____

____

____

예수님은 죽음을 다스리는 능력이 있습니다. 죽음을 피할 수 없습니다. 그러나 우리는 죽기 위해 창조된 것이 아니고, 이 땅에서 하나님의 영광을 나타내는 대리인이자 하나님의 형상을 가진 자로서 영생하도록 창조되었습니다. 아담과 하와가 죄를 지었을 때, 그들은 하나님과 생명나무에서 분리되었고 그 결과로 육신과 영의 죽음을 겪게 되었습니다(창 3:22~24). 그러나 죽음에게는 최종 변론의 기회가 없을 것입니다. 언젠가 죽음은 필연적인 것이 되지 않을 것입니다. 죽음은 완전히 패배할 것입니다. 그리고 그리스도를 통해, 우리는 영원한 생명 과실을 주는 생명나무가 있는 새 하늘과 새 땅에 있을 것입니다(계 19~22장).

다시 오실 예수님

예수님이 다시 오시면
만물이 새롭게 될 것이다.

예수님은 지옥을 다스리는 능력이 있습니다. 지옥은 사람들이 흔히 묘사하듯이 사탄이 쇠창살을 들고 보좌에 앉아 다스리는 곳이 아닙니다. 마침내 권위에서 벗어나 하고 싶은 대로 무엇이든 하는 파티 같은 곳도 아닙니다. 지옥은 그야말로 고통으로 가득 찬 비참한 곳입니다. 예수님을 믿지 않는 사람들이 부활하여 하나님과 모든 선한 것에서 분리된 채로 고통과 비참함 가운데 영원의 시간을 보내야 할 곳입니다(요 5:28~29). 지옥을 다스리시는 예수님의 능력은 그분을 통해, 우리가 하나님과 화목할 수 있음을 의미하고 따라서 지옥을 피할 수 있음을 의미합니다. 그러나 우리는 단지 지옥을 피하기 위해서 예수님을 믿는 것이 아니라, 예수님 그리고 그분께 속한 모든 것과 연합되기 위해서 예수님을 믿습니다.

그리스도와의 연결

예수님은 요한에게 나타나셔서 자신이 "처음이요 마지막"이자 "살아 있는 자"임을 밝히셨습니다. 또한 이 땅에 계시는 동안에 십자가의 죽음과 부활을 통해 "사망과 음부"를 이기셨다고 말씀하셨습니다. 예수님은 이전에 십자가의 수치를 당하셨으나 지금은 영광 가운데 높임을 받고 계십니다.

하나님이 들려주시는 이야기는 오늘을 사는 나와 늘 연결되어 있습니다. 아래 질문에 답하면서 성경 이야기가 내 이야기와 어떻게 연결되는지 생각해 봅시다.

▶ 예수님이 시간과 죽음과 지옥을 다스리신다는 사실이 어떻게 다른 사람들 앞에서 주님을 위해 더욱 신실하게 살아갈 동기가 되고, 격려가 될까요?

▶ 하나님으로부터 멀어진 느낌을 받은 적이 있나요? 그 경험을 통해 무엇을 깨닫게 되었나요?

▶ 왜 사람들은 죽음에 관해 공공연하게 대화하는 것을 불편해 할까요? 예수님의 임하심은 그런 대화를 어떻게 바꾸어 놓을까요?

▶ 우리 문화에서 지옥에 관한 이야기는 왜 인기 있는 주제가 아닐까요? 지옥이란 하나님과 그분의 선하심에서 멀어진 상태임을 정확하게 묘사하는 것이 중요한 이유는 무엇일까요?

하나님의 이야기
하나님이 그분의 아들
예수 그리스도를 통해
우리를 구속해 주신 이야기

우리의 이야기
우리의 이야기가
하나님의 이야기와
만나는 곳

YOUR MISSION

생각

우리의 일상에 임하시는 하나님을 쉽게 간과하는 모습을 성경에서 볼 수 있습니다. 출애굽 후에 먹을 것을 두고 불평한 이스라엘 백성이나(출 16:3), 공개적으로 예수님을 부인한 후에 혹여 그분께 버림받을까 걱정했을 베드로를(눅 22:54~62) 예로 들 수 있습니다. 그러나 예수님은 우리가 그분을 떠나지 않도록 육신을 입고 이 땅에 오셨습니다. 더 나아가 그분은 우리가 결코 혼자가 되지 않도록 성령님을 보내셔서 우리 안에 살게 하셨습니다.

- 예수님이 성령 안에 내주하심을 통해 우리와 함께하심을 진정으로 믿는다면, 세상을 보는 방식이 어떻게 바뀔까요?

- 예수님이 어떻게 일하시는지를 알기 위해, 다시 살펴봐야 할 삶의 영역은 어디인가요?

마음

지옥은 실재하며 영원합니다. 이것에 관해 분명히 할 필요가 있습니다. 그러나 지옥을 예수님을 믿게 하려는 위협적인 전술로 이용해서는 안 됩니다. 우리의 직분은 화목하게 하는 것이지 정죄하는 것이 아닙니다(고후 5:18). 우리는 소망의 복음, 승리의 복음, 생명의 복음을 전합니다. "회개하지 않으면 지옥에 떨어지리라"라고 선포하기보다는 세례 요한의 본보기를 따라 "회개하라 천국이 가까이 왔느니라"(마 3:2)라고 선포해야 합니다.

- 인기 없고 불편한 주제일지라도 지옥에 관해 말하는 것이 왜 중요할까요?

- 다가올 심판이 있다는 사실을 안다면, 지인이나 친구들을 어떻게 대해야 할까요?

행동

마태복음 28장에서 예수님은 제자들에게 하늘과 땅의 모든 권세가 주님에게 주어졌다고 말씀하셨습니다. 지금까지 요한계시록 1장을 훑으면서 하나님의 영광과 능력을 살펴봤습니다. 예수님이 육신을 입은 하나님이심을 알게 되고, 주님이 시간과 죽음과 지옥까지도 주관하심을 알게 되었습니다. 이 권세가 우리 사명의 토대입니다. 예수님은 우주의 최고 통치자께서 우리와 함께하시니 두려워 말고 세상에 나아가라고 말씀하십니다.

- 죽음을 이기신 예수님의 능력이 죽음을 바라보는 방식이나 죽음에 관해 다른 사람들과 이야기를 나누는 방식에 어떤 영향을 주나요?

- 예수님이 시간과 죽음과 지옥을 주관하신다는 사실을 알았으니, 앞으로 한 주 동안 어떻게 다르게 살아야 할까요?

> 다음 모임까지 **디모데후서 1~4장; 베드로후서 1~3장; 유다서 1장을 읽어 보세요.**

11

잊지 마! 일곱 교회에 주신 말씀을

성경 말씀 요한계시록 2장 1~7절; 3장 1~6절

포 인 트 하나님은 죄를 회개하고, 다시 예수님께 주의를 집중하고, 예수님의 사역에 동참하라고 하신다.

등 장 인 물 요한(야고보의 형제, 예수님의 열두 제자 가운데 한 명, 요한복음과 요한 일이삼서와 요한계시록의 저자)

메시지 좌표 예수님은 영광스러운 신적인 존재이시며 만물을 다스리시는 하나님의 아들이십니다. 이러한 관점에서 우리는 계속해서 죄를 회개하고, 예수님을 바라봐야 합니다. 이생에서 우리에게 주어진 사명은 하나님을 영화롭게 하고 만물을 구속하시는 하나님의 사명에 참여하는 것입니다. 설사 대가를 치러야 한다고 해도 말입니다.

**일곱 교회에
주시는 말씀**

하나님이 그리스도인들에게
칭찬과 책망과 약속을 주시다.

**보좌에 앉으신 이와
어린양**

존귀와 영광과 찬송을
받기에 합당하시다.

'처음 사랑'을 잃었으니 회개하라

요한계시록 2장 1~7절
에베소 교회의 사자에게 편지하라 오른손에 있는 일곱 별을 붙잡고 일곱 금 촛대 사이를 거니시는 이가 이르시되 내가 네 행위와 수고와 네 인내를 알고 또 악한 자들을 용납하지 아니한 것과 자칭 사도라 하되 아닌 자들을 시험하여 그의 거짓된 것을 네가 드러낸 것과 또 네가 참고 내 이름을 위하여 견디고 게으르지 아니한 것을 아노라 그러나 너를 책망할 것이 있나니 너의 처음 사랑을 버렸느니라 그러므로 어디서 떨어졌는지를 생각하고 회개하여 처음 행위를 가지라 만일 그리하지 아니하고 회개하지 아니하면 내가 네게 가서 네 촛대를 그 자리에서 옮기리라 오직 네게 이것이 있으니 네가 니골라 당의 행위를 미워하는도다 나도 이것을 미워하노라 귀 있는 자는 성령이 교회들에게 하시는 말씀을 들을지어다 이기는 그에게는 내가 하나님의 낙원에 있는 생명나무의 열매를 주어 먹게 하리라

에베소 성도들은 올바른 신학으로 복음을 지키며 경건하게 살았습니다. 하지만 죄를 피할 수는 없었습니다. 그들은 회개해야 했습니다. 물론 그들만 그런 것은 아니었고 버가모 교회, 사데 교회, 라오디게아 교회도 그랬습니다. 에베소 교회를 향해 예수님은 그들을 칭찬하신 것만으로는 충분하지 않다고 말씀하셨습니다. 그들이 "처음 사랑"(4절)을 잃었기 때문입니다. 한때는 그들의 뜻과 마음을 환히 비추던 예수님을 향한 열정이 식었습니다(엡 1:15). 그들은 선하게 행동하며 도덕적인 삶을 사는 듯했습니다. 하지만 흉내만 냈을 뿐이고, 예배와는 별개로 살았습니다. 예배가 없는 사역은 기독교가 아니라 세속적인 도덕주의일 뿐입니다. 예수님은 하나님의 사랑과 은혜를 잊은 죄에서 돌이켜 회개하라고 경고하십니다. 그렇지 않으면 스스로 그의 "촛대"로서의 자격이 없음을 나타내는 격이 될 것입니다. 이 촛대는 세상에 대한 빛을 상징하며, 유일하신 참 빛, 곧 부활하신 그리스도를 대변합니다.

예수님을 사랑하는 마음에서가 아닌 단지 의례적으로 예배하는 자신을 발견한 적이 있나요?

예수님을 따라 '이기는 자'가 되어라

성경에서 예수님이 어떤 것을 명하실 때는 대개 자신이 이미 행하신 것을 기초로 말씀하십니다. 즉 순종하라고 말씀하신 것은 그분이 먼저 온전히 순종하셨기 때문이고, 다른 사람을 미워하지 말라고 말씀하신 것은 그분이 마음속에 한 점의 증오도 없이 온전히 사랑하셨기 때문입니다. 그러니 예수님이 교회들에 "이기는 자"가 되라고 명하신다면, 그것은 주님이 이미 이기셨다는 뜻임을 알아야 합니다. 예수님이 무엇을 이기셨나요? 죄와 죽음을 이기셨다는 것이 답입니다(고전 15:55~57). 그로 말미암아 주님과 연합한 우리도 마찬가지로 죄와 죽음을 이긴 셈입니다. 죄가 우리를 괴롭히고 심지어 해를 끼칠 수도 있지만, 우리를 이길 수는 없습니다. 죽음은 우리 깊은 곳까지 흔들 수 있지만, 우리를 무덤에 가둘 수는 없습니다. 예수님의 부활이 우리가 승리 가운데 부활할 것을 보장하기 때문입니다.

다시 오실 예수님

예수님이 다시 오시면 만물이 새롭게 될 것이다.

한눈팔지 말고, 사명으로 돌아와라

사데 교회는 예수님에게서 한눈을 팔았고, 그 결과 그들은 사명에서 벗어났습니다. 하지만 예수님은 그들과의 관계를 끝내지 않으셨습니다! 그들은 아직도 해야 할 일이 있었습니다. 예수님은 사데 교회가 회개하고 예수님께 다시 집중하기를 바라십니다. 사데 교회가 명성에 기대는 동안에 다른 교회들은 다른 식으로 예수님에게서 한눈을 팔았는데, 하나님이 주신 사명을 완수하지 못한다는 것은 매한가지였습니다. 선행을 하거나 옳은 것을 믿거나 심지어 거짓 교사들을 꾸짖더라도, 이 교회들은 "처음 사랑"(계 2:4)을 잊고, "미지근하여"(계 3:16) 쓸모없게 되었습니다. 그들은 정체성을 잃어버렸습니다. 즉 교회가 그리스도 안에 있다는 사실과 나아가 그리스도를 위해 어떻게 살아야 하는가를 잊은 것입니다.

> ### 그리스도의 신부
> 알짬 교리 99
>
> 교회는 그리스도께서 재림하셔서 하늘과 땅이 하나가 되는 그날을 신실하게 기다리는 그리스도의 신부로 묘사됩니다. 모든 방언과 열국의 믿는 사람들로 이루어진 교회는 그리스도께서 구속하신 신부입니다. 신부의 비유는 또한 교회와 그리스도의 관계가 영원함을 말해 줍니다. 하나님이 남자와 여자가 영원한 언약 관계를 맺도록 결혼을 고안하셨기 때문입니다(창 2:24; 마 19:5).

그리스도와의 연결

하나님은 교회의 순결함에 관심이 있으십니다. 교회는 예수님의 신부이고, 예수님은 교회를 위해 죽으셨기 때문입니다. 교회는 예수님이 어떤 분이신지를 기억함으로써, 그리고 예수님이 우리에게 주신 복음 전하는 사명을 계속 수행함으로써 새롭게 되는 경험을 합니다.

> 주님이 '내가 진실로 속히 오리라'라고 말씀하시며 우리를
> 지지하기 위해 이렇게 말씀하십니다.
> '네가 가진 것을 단단히 붙잡아라. 그러면 아무도 네 면류관을 차지하지 못하리라.'
> 무엇을 단단히 붙잡아야 할까요?
> 그것이 주님을 향한 진실한 사랑이라는 것은 너무나도 분명합니다.
> 만일 끝까지 이것을 위해 노력한다면, 생명의 면류관을 얻게 될 것입니다.
> 승리라는 상은 참고 견디는 자들을 위한 것입니다.
> 오큐메니우스 Oecumenius

하나님이 들려주시는 이야기는 오늘을 사는 나와 늘 연결되어 있습니다. 아래 질문에 답하면서 성경 이야기가 내 이야기와 어떻게 연결되는지 생각해 봅시다.

▶ 요한계시록에 나타난 교회들처럼, 때로 우리는 그리스도를 향한 사랑에서 어떻게 멀어 지나요?

▶ 회개하기까지 오래 걸리는 이유는 무엇일까요?

▶ 예수님은 누구시며 어떤 일을 행하셨는가에 초점을 맞추면 죄와 싸우는 데 어떻게 도움 이 될까요?

▶ 어떻게 하면 하루 종일 예수님께 집중하며, 죄의 유혹에 넘어가지 않고 주님만 바라볼 수 있을까요?

하나님의 이야기
하나님이 그분의 아들
예수 그리스도를 통해
우리를 구속해 주신 이야기

우리의 이야기
우리의 이야기가
하나님의 이야기와
만나는 곳

YOUR MISSION

생각

신학에 대해 많은 사람들이 생각하는 것은 그것이 학문적인 것이고 일상과 무관하다는 것입니다. 그러나 신학은 단순하게 말하면 '하나님에 관한 것'을 의미합니다. 즉 우리가 하나님이 어떤 분이신지를 알고, 그에 따라 어떻게 살아야 할지를 아는 것이 신학입니다. 그러므로 하나님을 믿는 우리는 모두 신학자입니다. 그리고 이 믿음에 따라 직접적으로든 간접적으로든 하나님 및 다른 사람과 관계를 맺게 하므로 신학은 실제적입니다.

- 신학은 일상생활에 어떤 영향을 미칠 수 있나요?
- 우리가 무엇을 믿는지(신학)를 알지 못하면, 믿음을 지킬 수 없다는 사실을 어떻게 설명할 수 있을까요?

마음

예수님은 우리 마음 상태를 중요하게 여기십니다. 사데 교회는 영적인 게으름을 회개해야 했습니다(계 3:1~6). 그들은 "살았다 하는 이름은 가졌으나" 실상은 "죽은 자"들이었습니다. 예수님은 그들의 마음을 아셨습니다. 그들은 믿음을 진지하게 여기지 않았습니다. 라오디게아 교회는 미지근한 믿음으로 유명합니다(계 3:14~22). 그들은 차갑지도 않고 뜨겁지도 않고 딱 그 중간이었습니다. 그래서 예수님은 그들에게 미지근하지 말고, 차든지 뜨겁든지 하라고 말씀하셨습니다. 그리스도를 향한 그들의 열정이 무뎌졌으니 말입니다.

- 자신의 믿음이 죽은 것을 느껴 본 적이 있나요? 그럴 때는 어떻게 해야 할까요?
- 자기 믿음이 미지근하게 느껴진 적이 있나요? 그럴 때는 어떻게 해야 할까요?

행동

우리는 이 땅에 하나님 나라의 복음을 전함으로써 세상 사람들과 관계를 맺고, 화목하게 하는 사역자요 하나님의 대사입니다. 언젠가 하나님이 이 세상을 구원하시고, 새 하늘과 새 땅이 우리의 영원한 집이 될 것입니다(계 21~22장). 우리는 예수님께로 돌이킨 사람들로 가득 찬 세상에서 살게 될 것입니다. 우리는 하나님 나라의 대사입니다. 즉 만물이 새롭게 되어, 새로운 피조물로서 영생을 누리기 원하시는 하나님을 세상에 전해야 합니다.

- 그리스도 안에 있는 정체성은 어떻게 우리에게 세상 문화와 거리를 두게 하고, 주변 사람들과 다르게 살게 할까요?
- 영원한 본향에 관한 생각은 그리스도를 전하는 데에 어떤 동기를 부여해 주나요?

12
찬송과 존귀와 영광! 아멘!

성 경 말 씀 요한계시록 4장 2절~5장 14절

포 인 트 하나님은 하늘에서 어린양을 경배할 날을 고대하는 마음으로 이 땅에서 그를 경배하라고 하신다.

등 장 인 물 요한(야고보의 형제, 예수님의 열두 제자 가운데 한 명, 요한복음과 요한 일이삼서와 요한계시록의 저자)

메시지 좌표 노래 부르기는 사람됨의 핵심 요소입니다. 노래마다 가락으로든 가사로든 자신을 표현하는 독창적인 방식이 있어서, 사람들은 수 세기에 걸쳐 다른 방식으로 다양한 형태의 노래를 불러 왔습니다. 성경 역시 노래에 많은 의미와 목적을 둡니다. 찬양은 하나님을 예배하는 데 핵심이자(골 3:16) 죄와 싸울 수 있는 방법이며(엡 5:18~19) 믿음 안에서 다른 사람들을 세우는 방식이기도 합니다(히 2:12). 찬양은 특히 영원에 비추어 하나님의 백성들에게 중요한 의미가 있습니다.

보좌에 앉으신 이와 어린양

존귀와 영광과 찬송을 받기에 합당하시다.

다시 오실 예수님

예수님이 다시 오시면 만물이 새롭게 될 것이다.

하나님은 거룩하고 전능하며 영원하셔

앞의 두 과에서 거룩하고 완전하며 공의롭고 자애로우신 하나님의 모습을 살펴봤습니다. 이러한 모습이 바로 우리가 그분을 찬양하는 이유입니다. 우리는 하나님의 성품과 행하신 일로 말미암아 경배합니다. 요한계시록 4장 2~8절에서 묘사한 예배가 바로 이것입니다.

요한계시록 4장 2~8절

내가 곧 성령에 감동되었더니 보라 하늘에 보좌를 베풀었고 그 보좌 위에 앉으신 이가 있는데 앉으신 이의 모양이 벽옥과 홍보석 같고 또 무지개가 있어 보좌에 둘렸는데 그 모양이 녹보석 같더라 또 보좌에 둘려 이십사 보좌들이 있고 그 보좌들 위에 이십사 장로들이 흰옷을 입고 머리에 금관을 쓰고 앉았더라 보좌로부터 번개와 음성과 우렛소리가 나고 보좌 앞에 켠 등불 일곱이 있으니 이는 하나님의 일곱 영이라 보좌 앞에 수정과 같은 유리 바다가 있고 보좌 가운데와 보좌 주위에 네 생물이 있는데 앞뒤에 눈들이 가득하더라 그 첫째 생물은 사자 같고 그 둘째 생물은 송아지 같고 그 셋째 생물은 얼굴이 사람 같고 그 넷째 생물은 날아가는 독수리 같은데 네 생물은 각각 여섯 날개를 가졌고 그 안과 주위에는 눈들이 가득하더라 그들이 밤낮 쉬지 않고 이르기를 거룩하다 거룩하다 거룩하다 주 하나님 곧 전능하신 이여 전에도 계셨고 이제도 계시고 장차 오실 이시라 하고

이 천상의 풍경은 매혹적인 세부 묘사들로 가득한데, 백성들이 하나님의 거룩하심과 전능하심과 영원하심으로 인해 경배하게 됨을 보여 줍니다.

하나님이 세상을 창조하셨잖아

요한계시록 4장 9~11절

그 생물들이 보좌에 앉으사 세세토록 살아 계시는 이에게 영광과 존귀와 감사를 돌릴 때에 이십사 장로들이 보좌에 앉으신 이 앞에 엎드려 세세토록 살아 계시는 이에게 경배하고 자기의 관을 보좌 앞에 드리며 이르되 우리 주 하나님이여 영광과 존귀와 권능을 받으시는 것이 합당하오니 주께서 만물을 지으신지라 만물이 주의 뜻대로 있었고 또 지으심을 받았나이다 하더라

우리는 하나님처럼 창조할 능력이 없습니다. 오로지 하나님이 창조하신 것들을 재료 삼아 물체를 만들어 낼 뿐입니다. 생명을 창조할 수 있는 것처럼 생각하지만, 그렇지 않습니다. 남자와 여자가 잉태하는 것은 아이가 창조되는 과정의 일부분입니다. 즉 그들의 유전자가 융합하여 아기의 존재를 이루는 근본적인 부분을 만들어 내는 것입니다. 그러나 궁극적으

로 아기를 창조하시는 분은 하나님입니다. 하나님은 생명을 주시는 분이기 때문입니다.

여기서 핵심을 놓쳐서는 안 됩니다. 우리는 하나님의 창조 능력을 이해할 수 없다는 사실입니다. 우리는 눈으로 볼 수 있는 피조물 외에는 어떤 것도 이해할 수 없습니다. 그러나 하나님은 우리가 꿈에나 볼 수 있을 정도로 먼 곳에 별과 행성을 지으셨듯이, 눈으로 볼 수 없는 아원자 입자나 그보다 더 작은 기본 단위도 창조하셨습니다. 우주에서 가장 먼 구석에 있는 가장 큰 별에서부터 가장 작은 원자 단위에 이르기까지, 만물은 하나님의 뜻과 말씀에 따라 존재합니다.

창조의 경이로움을 깨닫고 하나님을 경배한 적이 있나요?

어린양의 피로 우리를 구원하셨네

요한계시록 5장 1~10절

내가 보매 보좌에 앉으신 이의 오른손에 두루마리가 있으니 안팎으로 썼고 일곱 인으로 봉하였더라 또 보매 힘 있는 천사가 큰 음성으로 외치기를 누가 그 두루마리를 펴며 그 인을 떼기에 합당하냐 하나 하늘 위에나 땅 위에나 땅 아래에 능히 그 두루마리를 펴거나 보거나 할 자가 없더라 그 두루마리를 펴거나 보거나 하기에 합당한 자가 보이지 아니하기로 내가 크게 울었더니 장로 중의 한 사람이 내게 말하되 울지 말라 유대 지파의 사자 다윗의 뿌리가 이겼으니 그 두루마리와 그 일곱 인을 떼시리라 하더라 내가 또 보니 보좌와 네 생물과 장로들 사이에 한 어린양이 서 있는데 일찍이 죽임을 당한 것 같더라 그에게 일곱 뿔과 일곱 눈이 있으니 이 눈들은 온 땅에 보내심을 받은 하나님의 일곱 영이더라 그 어린양이 나아와서 보좌에 앉으신 이의 오른손에서 두루마리를 취하시니라 그 두루마리를 취하시매 네 생물과 이십사 장로들이 그 어린양 앞에 엎드려 각각 거문고와 향이 가득한 금 대접을 가졌으니 이 향은 성도의 기도들이라 그들이 새 노래를 불러 이르되, 두루마리를 가지시고 그 인봉을 떼기에 합당하시도다 일찍이 죽임을 당하사 각 족속과 방언과 백성과 나라 가운데에서 사람들을 피로 사서 하나님께 드리시고 그들로 우리 하나님 앞에서 나라와 제사장들을 삼으셨으니 그들이 땅에서 왕 노릇 하리로다 하더라

요한은 보좌 옆에 서신 예수님께 주목하면서, 주님을 죽임당한 어린양으로 묘사합니다. 피로 자기 백성을 구원하신 어린양입니다. 이것은 예수님이 우리를 대신하여 십자가에 달려 죽으셨다가 부활하신 일을 묘사하는데, 죽임당한 어린양이 죽어 누워 있지 않고, 멀쩡하게 살아 서 있기 때

문입니다. 흠 없는 어린양들이 하나님의 백성의 죄 때문에 희생되는 것을 성경 곳곳에서 볼 수 있지만, 늘 또 다른 희생을 필요로 했습니다(출 12:11~13; 레 4:35). 온전한 용서를 이루기에는 부족했기 때문입니다. 완벽한 제물이 될 어린양이 오실 때까지 자리를 대신할 뿐이었습니다.

예배

예배를 하나의 행사나, 찬양을 부르는 모임 정도로 과소평가하는 사람이 많습니다. 그러나 예배는 심령에 관계된 것으로 삶의 모든 영역으로 확대되는 것입니다. 예배의 목적과 초점은 하나님께 있으며, 하나님께 합당한 찬양과 경배를 드리는 것입니다. 그리스도인은 개인의 삶 가운데서 예배를 드려야 합니다. 그리고 다른 그리스도인들과 함께 모여서도 하나님을 예배하며 그분의 영광을 위해 자기 재능을 사용해야 합니다. 함께 드리는 예배는 그리스도인들의 덕을 세우고 그들을 굳세게 할 뿐만 아니라, 믿지 않는 사람들에게도 하나님의 위대하심을 증거하는 역할을 합니다.

그리스도와의 연결

요한계시록은 어린양으로 죽기 위해 완전한 인간으로 사셨던 하나님의 아들을 영원히 다스리는 분으로 묘사합니다. 주님은 보좌에 앉으신 왕으로서 다스리시고, 영원한 하나님으로서 영원히 다스리십니다. 십자가는 죽은 자와 패배한 인간을 영원한 무덤으로 데려가는 영구차가 아닙니다. 죽음을 깨뜨리시고 무덤에서 살아나신 하나님의 개선 마차입니다.

요한계시록 5장 11~14절

내가 또 보고 들으매 보좌와 생물들과 장로들을 둘러선 많은 천사의 음성이 있으니 그 수가 만만이요 천천이라 큰 음성으로 이르되 죽임을 당하신 어린양은 능력과 부와 지혜와 힘과 존귀와 영광과 찬송을 받으시기에 합당하도다 하더라 내가 또 들으니 하늘 위에와 땅 위에와 땅 아래와 바다 위에와 또 그 가운데 모든 피조물이 이르되 보좌에 앉으신 이와 어린양에게 찬송과 존귀와 영광과 권능을 세세토록 돌릴지어다 하니 네 생물이 이르되 아멘 하고 장로들은 엎드려 경배하더라 하나님이 들려주시는 이야기는 오늘을 사는 나와 늘 연결되어 있습니다. 아래 질문에 답하면서 성경 이야기가 내 이야기와 어떻게 연결되는지 생각해 봅시다.

▶ 찬양할 때 부르는 가사나 느껴지는 감정보다 예배가 더 중요한 이유는 무엇인가요? 찬양으로 드리는 예배는 하나님에 관해 무엇을 말해 주나요?

▶ 하나님은 누구이시며 어떤 일을 행하셨는가를 찬양하는 노래 중에 가장 좋아하는 곡은 무엇인가요?

▶ 어떻게 하면 찬양으로 예배드리도록 마음을 준비할 수 있을까요?

▶ 부르는 찬양의 가사가 우리 마음 상태와 일치하는 것이 왜 중요할까요?

하나님의 이야기
하나님이 그분의 아들
예수 그리스도를 통해
우리를 구속해 주신 이야기

우리의 이야기
우리의 이야기가
하나님의 이야기와
만나는 곳

YOUR MISSION

생각

요한계시록 5장 6절의 경우, 예수님이 하나님의 보좌 가까이에 계시다거나, 보좌에 앉아 계신다고 번역할 수 있습니다. 우리는 하나님 아버지께서 보좌에 앉아 계심을 압니다. 그와 동시에 예수님도 보좌에 앉아 계심을 알 수 있습니다. 예수님이 보좌 '가까이' 또는 '우편에' 서셨다고 해서 하나님 다음으로 2등이신 것은 아닙니다. 사실, 라오디게아 교회에 말씀하실 때에는 '내 보좌'라고 하셨습니다(계 3:21). 저자는 우리가 한 번도 본 적이 없는 무언가를 묘사하고자 했을 것입니다. 같은 보좌에 여럿이 앉을 수 있는 것으로 말입니다. 그러나 아버지와 아들이 보좌에 앉으신 왕으로서 동등하게 경배받기에 합당하심을 우리는 알고 있습니다.

- 모든 사람이 엎드려 경배해야 하는 보좌에 예수님이 앉아 계시다는 사실은 주님의 신성한 지위에 관해 무엇을 깨닫게 하나요?
- 예수님의 왕권이 오늘날 우리에게 주는 희망과 위로는 무엇인가요?

마음

요한계시록 4~5장은 하나님께 드리는 놀라운 경배의 두 가지 이미지를 보여 줍니다. 한편으로는 신비롭고 혼란스러우며, 또 한편으로는 강렬하고 분명한 이미지들입니다. 하나님은 그 행하신 일과 위대하신 존재로 말미암아 경배받기에 합당하십니다. 죽임당했다가 다시 살아나신 하나님의 어린양 예수님 덕분에 우리는 하나님의 임하심 앞에 나아가 예배드릴 수 있습니다. 그러나 이것은 미래 어느 날에야 이루어질 일이 아닙니다. 지금 온 세상이 하나님의 영광을 들을 수 있도록 노래할 때, 이루어지기 시작합니다.

- 예수님이 죽임당하신 어린양이라는 사실을 통해 어떤 생각이나 느낌이 드나요?
- 왜 우리는 이 장면에서 날마다 온 삶으로 주님을 예배할 힘을 얻게 될까요?

행동

하나님은 실제로 존재하는 완벽한 하나님이기 때문에 경배받기에 합당하십니다. 그런 이유로 보좌를 둘러선 생물들과 많은 천사와 장로들이 그분을 끝없이 찬양합니다. 어쩔 수 없이 찬양하는 것이 아니라 하나님은 사랑이 많고, 자비롭고, 경이롭고, 영광스러우며 선하시기 때문입니다. 하나님의 속성을 알면 경배할 수밖에 없습니다. 그와 마찬가지로, 자기 삶에서 주님을 만난 사람은 진정한 예배와 찬양을 드릴 수밖에 없게 됩니다.

- 하나님을 올바로 알면 알수록 예배하는 자세는 어떻게 달라질까요?
- 하나님을 예배함으로써 복음 사역이 더 힘을 얻는 이유는 무엇인가요?

다음 모임까지 요한계시록 6~13장을 읽어 보세요.

12 찬송과 존귀와 영광! 아멘!

13

사랑하는 예수님과 영원히 살 거야

성경 말씀   요한계시록 21장 1~8절; 22장 1~5절, 8~15절

포 인 트   하나님은 만물을 새롭게 하시겠다는 주님의 약속에 따라 살라고 하신다.

등 장 인 물   요한(야고보의 형제, 예수님의 열두 제자 가운데 한 명, 요한복음과 요한 일이삼서와 요한계시록의 저자)

메시지 좌표   성경 이야기를 따라온 우리 여정이 요한계시록에서 마무리됩니다. 다루어야 할 더 자세한 정보와 탐구해야 할 더 많은 이야기와 연구해야 할 더 많은 인물이 있었지만, 우리는 과마다 전체 이야기의 주인공이신 예수님을 강조하며 성경의 큰 줄기를 따라왔습니다. 언젠가 모든 사람이 보게 될 하나님의 이야기가 어떻게 펼쳐질지 미리 엿보면서, 장차 만물을 새롭게 하실 예수님의 영광을 다시 한 번 조명해 보겠습니다.

다시 오실 예수님

예수님이 다시 오시면
만물이 새롭게 될 것이다.

만물을 새롭게 하실 거야

요한계시록 21장 1~5절
또 내가 새 하늘과 새 땅을 보니 처음 하늘과 처음 땅이 없어졌고 바다도 다시 있지 않더라 또 내가 보매 거룩한 성 새 예루살렘이 하나님께로부터 하늘에서 내려오니 그 준비한 것이 신부가 남편을 위하여 단장한 것 같더라 내가 들으니 보좌에서 큰 음성이 나서 이르되 보라 하나님의 장막이 사람들과 함께 있으매 하나님이 그들과 함께 계시리니 그들은 하나님의 백성이 되고 하나님은 친히 그들과 함께 계셔서 모든 눈물을 그 눈에서 닦아 주시니 다시는 사망이 없고 애통하는 것이나 곡하는 것이나 아픈 것이 다시 있지 아니하리니 처음 것들이 다 지나갔음이러라 보좌에 앉으신 이가 이르시되 보라 내가 만물을 새롭게 하노라 하시고 또 이르시되 이 말은 신실하고 참되니 기록하라 하시고

하나님은 에덴동산에서 잃어버린 것을 복원하고 재정립하시기 위해 한 가지 일을 계속해 오셨습니다. 바로 아담과 하와가 타락한 후에 하나님이 약속하신 일입니다. 우리는 구약에서부터 신약에까지 하나님이 하신 일을 봐 왔습니다. 아담과 하와가 죄지은 일과 하나님의 아들이 성육신하신 일과 예수님이 온 우주의 보좌에 앉으신 일과 우리에게 성령을 보내신 일 등 과거 일을 알면, 하나님이 만물을 왜 그리고 어떻게 새롭게 하시는지를 이해할 수 있습니다. 거기에 더해, 영원한 세계를 생각하며 오늘을 사는 것이 왜 중요한지도 이해하게 됩니다. 만물이 깨어졌지만, 언젠가 하나님이 모든 것을 새롭게 하실 것입니다.

깨어진 세상이 떠안게 된 죄의 결과를 경험해 본 적이 있나요?

____

____

____

예수님이 믿는 자와 믿지 않는 자를 나누실 거야

하나님은 선하고 자비로우며 정의로우시므로, 언젠가는 죄와 악과 죽음을 다 없애시고, 피조 세계에서 불경건한 것들을 뿌리 뽑으실 것입니다. 그리고 우리는 죄에 빠질 두려움이나 질병과 전쟁으로 사랑하는 사람을 잃을 걱정 없이 하나님과 영원히 함께할 것입니다. 요한계시록의 마지막 부분은 우리에게 다음과 같은 사실을 분명히 보여 줍니다.

또 내게 말씀하시되 이루었도다 나는 알파와 오메가요 처음과 마지막이라 내가 생명수 샘물을 목마른 자에게 값없이 주리니 이기는 자는 이것들을 상속으로 받으리라 나는 그의 하나님이 되고 그는 내 아들이 되리라 그러나 두려워하는 자들과 믿지 아니하는 자들과 흉악한 자들과 살인자들과 음행하는 자들과 점술가들과 우상 숭배자들과 거짓말하는 모든 자들은 불과 유황으로 타는 못에 던져지리니 이것이 둘째 사망이라

이것들을 보고 들은 자는 나 요한이니 내가 듣고 볼 때에 이 일을 내게 보이던 천사의 발 앞에 경배하려고 엎드렸더니 그가 내게 말하기를 나는 너와 네 형제 선지자들과 또 이 두루마리의 말을 지키는 자들과 함께 된 종이니 그리하지 말고 하나님께 경배하라 하더라 또 내게 말하되 이 두루마리의 예언의 말씀을 인봉하지 말라 때가 가까우니라 불의를 행하는 자는 그대로 불의를 행하고 더러운 자는 그대로 더럽고 의로운 자는 그대로 의를 행하고 거룩한 자는 그대로 거룩하게 하라 보라 내가 속히 오리니 내가 줄 상이 내게 있어 각 사람에게 그가 행한 대로 갚아 주리라 나는 알파와 오메가요 처음과 마지막이요 시작과 마침이라 자기 두루마기를 빠는 자들은 복이 있으니 이는 그들이 생명나무에 나아가며 문들을 통하여 성에 들어갈 권세를 받으려 함이로다 개들과 점술가들과 음행하는 자들과 살인자들과 우상 숭배자들과 및 거짓말을 좋아하며 지어내는 자는 다 성 밖에 있으리라

우리는 예수님이 다스리시는 나라에서 영원히 살 거야

또 그가 수정같이 맑은 생명수의 강을 내게 보이니 하나님과 및 어린양의 보좌로부터 나와서 길 가운데로 흐르더라 강 좌우에 생명나무가 있어 열두 가지 열매를 맺되 달마다 그 열매를 맺고 그 나무 잎사귀들은 만국을 치료하기 위하여 있더라 다시 저주가 없으며 하나님과 그 어린양의 보좌가 그 가운데에 있으리니 그의 종들이 그를 섬기며 그의 얼굴을 볼 터이요 그의 이름도 그들의 이마에 있으리라 다시 밤이 없겠고 등불과 햇빛이 쓸데없으니 이는 주 하나님이 그들에게 비치심이라 그들이 세세토록 왕 노릇 하리로다

우리 소망은 언젠가 이 땅을 벗어나 천국 어딘가에서 사는 것이 아닙니다. 우리는 그런 목적으로 지어지지 않았습니다. 우리는 이 땅에서 살도록 지어졌습니다. 그러나 지금처럼 땅을 경험하며 사는 방식은 아닙니다. 우리는 하늘과 땅이 결합되는 어딘가에서 살도록 되어 있었습니다. 만일 우리가 세상 밖으로 영원히 내쫓겼다면, 그것은 사탄이 적어도 부분적인 성공을 거두었다는 뜻이며 하나님은 실패하셨으니 차선책을 찾

아내셔야 한다는 뜻이 됩니다. 그러나 하나님은 주권적이시며 선하시며 모든 일을 자기 영광과 우리 유익을 위해 행하십니다(롬 8:28). 그러므로 언젠가는 에덴동산이 완벽하게 회복될 텐데, 오히려 이전보다 더 좋아질 것입니다. 결국, 세상은 제 모습을 찾을 것입니다. 세상에는 하나님의 형상을 닮은 자들로 가득할 것이며, 그들은 영광스러운 하나님의 빛을 영원히 누릴 것입니다. 이것은 두려워할 일이 아니라 기뻐할 일입니다.

이렇게 이야기는 다시 원점으로 돌아옵니다. 하나님이 시작하신 일은 하나님이 끝내실 것입니다. 하나님은 만물을 선하게 창조하셨고, 주권으로 다스리시는 피조물 가운데 사람을 으뜸으로 지으셨으며, 사람으로 하여금 하나님과 또 서로와 사귀게 하셨고, 하나님의 영광을 위해 일과 휴식의 리듬을 즐기게 하셨습니다. 이와 거의 똑같은 방식으로 끝내실 테지만, 사실 시작보다 끝이 훨씬 더 좋을 것입니다.

그리스도와의 연결

그리스도께서 약속을 성취하고, 그분의 백성과 함께 영원히 다스리기 위해 돌아오실 때, 이 시대가 끝날 것입니다. 에덴동산에서 아담이 죄를 지음으로써 멀어졌던 관계가 에덴이 모습을 드러내고 예수님이 모든 눈물을 그 눈에서 닦아 주실 때 영광스럽게 회복될 것입니다. 하나님이 만드실 새 세상에 들어가려면, 우리를 구원하고자 흘리신 어린양의 피로 정결하게 되어야 합니다.

하나님이 들려주시는 이야기는 오늘을 사는 나와 늘 연결되어 있습니다. 아래 질문에 답하면서 성경 이야기가 내 이야기와 어떻게 연결되는지 생각해 봅시다.

▶ 에덴동산에서 아담과 하와가 그랬던 것처럼 사람들이 하나님처럼 되려고 애쓰는 모습에는 어떤 것이 있나요?

▶ 어떻게 하면 공동체와 학교와 가정과 세상에서 하나님의 형상을 드러낼 수 있을까요?

▶ 만물을 회복하시겠다는 예수님의 약속이 오늘날 우리의 생활 방식에 어떤 영향을 미치고 있나요?

▶ 새 하늘과 새 땅에서의 삶은 어떤 모습일까요? 상상해 보세요.

하나님의 이야기
하나님이 그분의 아들
예수 그리스도를 통해
우리를 구속해 주신 이야기

우리의 이야기
우리의 이야기가
하나님의 이야기와
만나는 곳

YOUR MISSION

생각

하나님은 생명이십니다. 하나님은 아담과 하와가 죄를 짓자마자 죽게 하지 않으셨습니다. 에덴동산에서 추방당해 죽을 수도 있었지만, 은혜로우신 하나님은 그들에게 옷을 지어 입혀 주셨습니다(창 3:21). 예수님이 죽음에서 부활하시자, 마지막 날에 주님의 백성이 주님과 함께 살아나리라는 약속이 보장되었습니다. 하나님은 공의롭고 선한 재판관이시므로 모든 사람이 부활할 것입니다.

- 죽을 수밖에 없다는 사실을 여러분은 복음을 통해 어떻게 이해하며, 어떤 위로를 받고 있나요?

- 이번 과의 성경 본문은 죽음에 관한 하나님의 관점이 무엇이라고 알려 주나요?

마음

우리는 육체의 죽음을 애도해야 합니다. 그리고 두 번째 죽음도 슬퍼해야 합니다. 그러나 그리스도 안에 있는 사람들에게 죽음은 예수님의 다시 오심을 기다리는 이유가 됩니다. 그렇습니다. 애도하는 것은 합당하며, 애도해도 됩니다. 하지만 소망이 없는 사람들이 하듯 애도해서는 안 됩니다(살전 4:13). 죽음은 마지막이 아닙니다. 그리스도를 사랑하는 사람들에게는 말입니다.

- 믿는 사람은 왜 사랑하는 사람의 죽음을 절망적으로 슬퍼하면 안 될까요?

- 장차 있을 그리스도 안에서의 부활은 오늘날 삶의 도전에 맞서는 우리에게 어떤 소망을 주나요?

행동

지금까지 살펴본 대로, 그리스도께서 행하셨고 또 언젠가 행하실 일에 우리의 소망이 있습니다. 우리는 예수 그리스도의 구원 사역으로 말미암은 구원을 믿으며 안도합니다. 만물이 계속해서 허물어져 갈지라도, 우리는 다시 오셔서 만물을 회복하실 예수님께 소망을 둡니다. 그러나 그때까지 앉아서 기다리지만은 않습니다. 우리는 온 세상에 복음을 전하시는 하나님의 사명에 동참합니다. 우리에게는 소망이 있고, 모든 사람에게 그 소망을 전해야 합니다.

- 장차 예수님이 만물을 회복해 주시리라는 사실이 오늘날 다른 사람들과 관계를 형성하는 데 어떤 영향을 미치나요?

- 지금까지 성경 이야기를 모두 살펴봤습니다. 이번 주에 누구에게 이 이야기를 전해 주고 싶나요?

다음 모임까지 요한계시록 14~22장을 읽어 보세요.

신약6 연대표

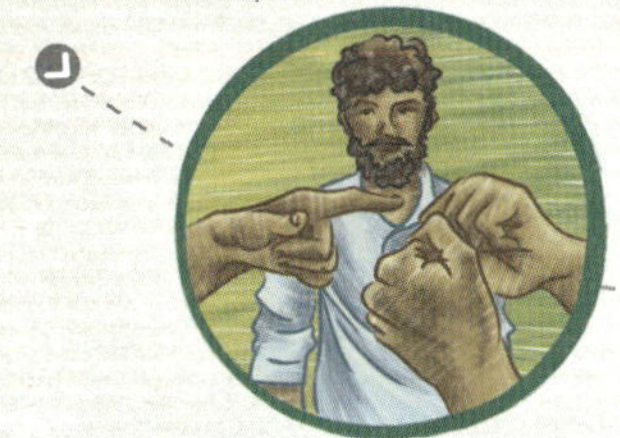

바울을 해치려는 음모

유대인들이 바울을 죽이기로
공모하다.

세상의 왕들과 맞서게 된 바울

세상의 통치자 앞에 선
바울이 담대히 변론하다.

파선

폭풍 속에서도 바울과 일행을
구하시고 로마까지 인도하시다.

빌레몬과 오네시모

복음은 관계를 회복시킨다.

위대하신 그리스도

만물의 으뜸이신 그리스도께서
화목하게 하신다.

옥중에서 기뻐한 바울

어려운 상황에서도 복음
때문에 기뻐하라고 격려하다.

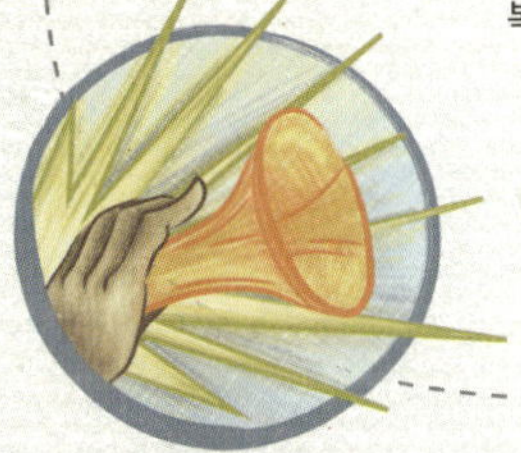

주님의 날

그리스도인은 다가올 주님의
날을 소망한다.

믿음을 수호함

거짓 교사들에 맞서 진리를
지키다.

예수님을 기다리다

하나님은 인내와 자비로
오래 참으신다.

요한이 계시를 받다

예수님은
처음과 마지막이시다.

다시 오실 예수님

예수님이 다시 오시면
만물이 새롭게 될 것이다.

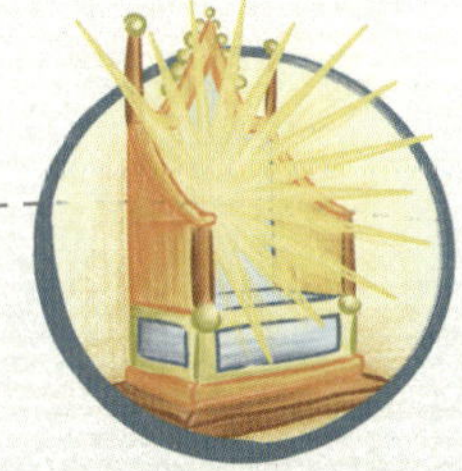

보좌에 앉으신 이와 어린양

존귀와 영광과 찬송을
받기에 합당하시다.

일곱 교회에 주시는 말씀

하나님이 그리스도인들에게
칭찬과 책망과 약속을 주시다.

주요 인물

바울

바울은 초대교회를 박해하고 교회 형성을 방해했던 인물이나, 부활하신 그리스도를 만나 완전히 변화되었습니다(행 9장). 그는 초대교회의 첫 번째 이방인 선교사가 되어 복음 선교를 이끌었습니다.

빌레몬과 오네시모

빌레몬의 노예 오네시모가 도망쳤습니다. 그러자 바울은 그들의 관계가 복음으로 회복되기를 바라면서 빌레몬에게 오네시모를 노예가 아닌 그리스도 안에서 형제로 받아들일 것을 권면했습니다.

벨릭스

벨릭스는 로마 제국의 파견을 받은 유대 총독으로, 바울이 유대인들에게 체포되어 넘겨질 때 맨 처음으로 그와 대면했습니다.

유다

유다는 예수님의 형제이고, 거짓 교사들 때문에 어려움에 처한 교회를 위해 유다서를 썼습니다. 그리스도 안에서 복음의 진리와 하나님의 사랑을 이해해야만 교회를 분열시키려는 자들에게 굳건히 대항할 수 있습니다.

베스도

베스도는 벨릭스 총독의 뒤를 이어 유대 총독이 되었습니다. 바울은 베스도 앞에서 자신의 사건에 대해 변론하고, 자신을 예루살렘 대신 가이사에게 보내 달라고 분명히 요구했습니다.

베드로

베드로는 안드레의 형제이고 어부이고 원래 이름은 시몬입니다. 그런데 예수님을 메시아라고 고백한 후 베드로라는 이름을 받았습니다(마 16:16~19). 유대인의 사도로 알려졌으며, 베드로전후서의 저자입니다.

아그립바왕

아그립바는 헤롯왕(아기 예수를 죽이고자 두 살 이하 남아를 죽이라고 명령했던 왕)의 증손자입니다. 다른 통치자들처럼, 바울의 변론을 들은 후 그의 무죄를 믿었습니다.

요한

요한은 야고보의 동생이고, '사랑받는 제자'로 알려졌습니다. 그는 요한복음, 요한일서, 요한이서, 요한삼서, 요한계시록을 썼습니다.

만물이 새롭게 되다

하나님의 사람	하나님의 장소	하나님의 경륜
아담과 하와	에덴동산	하나님의 명령

아담과 하와가 죄를 지어 에덴동산에서 추방당함

하나님의 사람	하나님의 장소	하나님의 경륜
아브라함	가나안	아브라함에게 주신 언약
모세와 이스라엘	약속의 땅	모세에게 주신 언약
왕정 국가와 이스라엘	약속의 땅	모세 언약, 다윗의 통치

이스라엘이 죄를 지어 약속의 땅에서 추방당함

하나님의 사람	하나님의 장소	하나님의 경륜
예언된 신실한 남은 자	회복된 땅의 예언	예언 받은 새 언약

예수 그리스도의 순종하심으로 새로운 언약이 시작됨

하나님의 사람	하나님의 장소	하나님의 경륜
그리스도인, 그리스도 안에 있는 사람들	새 하늘과 새 땅, 그리스도와 함께하는 새 예루살렘	새 언약, 그리스도의 통치

요한계시록에 나타난 일곱 교회

교회	칭찬	책망	도전	"이기는 자에게" 약속
에베소 교회 (2:1~7)	올바른 신학을 갖고, 믿음을 지키며, 바르게 살아감	처음 사랑을 버림	얼마나 멀리 떨어졌는지를 기억하고, 회개해 처음 행위를 가질 것	예수님이 낙원에 있는 생명나무의 열매를 주어 먹게 하실 것임
서머나 교회 (2:8~11)	환난과 궁핍을 부요한 믿음으로 견뎌 냄	없음	고난을 두려워하지 말고 죽기까지 충성할 것	생명의 면류관을 주어 결코 두 번째 사망의 해를 받지 않게 하실 것임
버가모 교회 (2:12~17)	박해에도 불구하고 예수님 안에서 믿음을 저버리지 않고, 예수 그리스도의 이름을 지킴	어떤 이들은 거짓 가르침을 붙잡고 부도덕하게 살아감	회개할 것	예수님이 숨겨진 만나와 새로운 이름을 새긴 흰 돌을 주실 것임
두아디라 교회 (2:18~29)	사랑, 신실함, 섬김, 인내, 처음 행위보다 나중 행위가 더 많음	방탕한 삶을 부추기는 거짓 선지자와 거짓 교사를 묵인함	음행을 회개할 것. 이 교훈을 받지 않은 자들은 그분이 오실 때까지 그들이 가진 것을 굳게 붙잡을 것	예수님이 아버지께 받은 것같이 만국을 다스리는 권세와 새벽 별을 주실 것임
사데 교회 (3:1~6)	몇몇 사람들이 그들의 옷을 더럽히지 않음	살았다는 이름은 가졌으나 실상은 죽은 자임	그 남은 바 죽게 된 것을 일깨어 굳건하게 할 것. 어떻게 받았으며 어떻게 들었는지 생각하고 지켜 회개할 것	흰옷을 입고 그 이름을 생명책에서 결코 지우지 않으실 것이며, 아버지와 천사들 앞에서 예수님이 그를 인정해 주실 것임
빌라델비아 교회 (3:7~13)	예수님의 말씀을 지키며, 그분의 이름을 배반하지 않고 인내함	없음	가진 것을 굳게 잡아 아무도 면류관을 빼앗지 못하게 할 것	하나님의 성전에 기둥이 되게 하실 것이며, 예수님이 하나님의 성의 이름과 주님의 새 이름을 그 위에 기록하실 것임
라오디게아 교회 (3:14~22)	없음	신앙이 차지도 뜨겁지도 않고 미지근함. 자기중심적이고 기만적임	예수님께 집중하고 열심을 내어 회개할 것	예수님이 이기고 아버지의 보좌에 함께 앉으신 것같이 그를 예수님의 보좌에 함께 앉게 해 주실 것임